ERNEST DELAHAYE

Souvenirs familiers

À PROPOS DE

RIMBAUD

VERLAINE & GERMAIN NOUVEAU

« Parlez-nous de lui, grand'mère,
Parlez-nous de lui. »
(BÉRANGER.)

PARIS
ALBERT MESSEIN, ÉDITEUR
19, QUAI SAINT-MICHEL, 19

1925

Souvenirs familiers

DU MÊME AUTEUR

Verlaine (ouvrage couronné par l'Académie française).

Rimbaud. L'artiste et l'être moral.

Le manuscrit de « Sagesse » (Documents relatifs à Paul Verlaine).

Préface au « Manuscrit des Fêtes galantes ».

Préface aux « Valentines » de Germain Nouveau.

Préface aux poésies d' « Humilis » (Germain Nouveau).

UNE VUE DE CHARLEVILLE

ERNEST DELAHAYE

Souvenirs familiers

A PROPOS DE

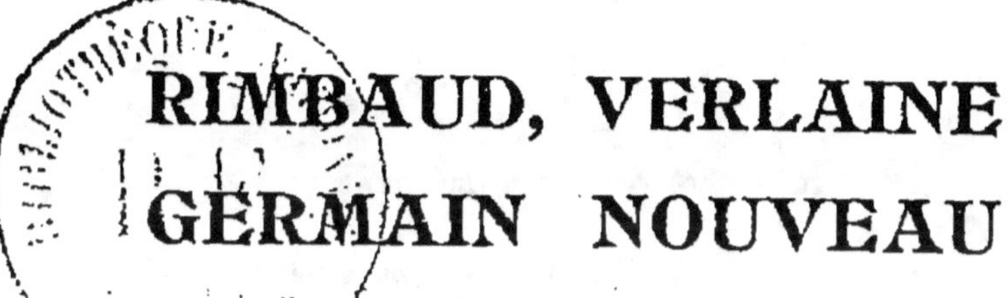

RIMBAUD, VERLAINE
GERMAIN NOUVEAU

« Parlez-nous de lui, grand'mère,
Parlez-nous de lui. »

(Béranger.)

PARIS

ALBERT MESSEIN, ÉDITEUR

19, QUAI SAINT-MICHEL, 19

1925

INTRODUCTION

La jeune fille de Charleville, qui peignit, en 1886, le petit panneau (1) reproduit en tête de ce volume, ne connaissait aucunement Rimbaud, alors disparu depuis longtemps et oublié de sa ville natale. Cependant le travail qu'elle exécuta, au cours de cet après-midi lumineux, est aujourd'hui un précieux document pour l'histoire de l'homme qui glorifiera et déconcertera éternellement le calme pays d'Ardennes. Mlle Marguerite Sarrazin ne se doutait pas que son étude, où elle voulut surtout mettre en valeur les lignes majestueuses du *Vieux Moulin*, élevé autrefois pour compléter la ville improvisée par le caprice d'un grand seigneur, contenait le premier décor du drame en cent tableaux, qui commence là, dans ce coin paisible de province, se déroule au milieu des plus grandes villes d'Europe, se poursuit dans la jungle océanienne, sur une plage brûlante d'Arabie, sur le sol convulsé du pays de la soif : la route longue, douloureuse, parmi les laves et les cendres, du désert Danakil, se termine à Marseille, par la réconciliation d'un athée avec Dieu d'abord adoré, puis blasphémé,

(1) Elle avait eu la gracieuseté d'en faire don à une personne de ma famille de qui je le tiens.

puis désiré, puis repoussé, puis évité, à la fin reconnu, accueilli et vainqueur (1).

De ce simple paysage — maintenant fixé pour tous les yeux grâce au talent de Mlle Sarrazin — il n'est pas une partie où Rimbaud n'ait arrêté longtemps ses regards, où il n'ait marché, pensé, rêvé. Dans le petit groupe des maisons, indiquées d'un pinceau plus rapide, que le lecteur doit trouver à sa droite et au premier plan, était le numéro 5 du quai de la Madeleine (2), où il écrivit les *Sœurs de charité*, le *Bateau ivre*, la *Constitution communiste*.

Le sol, devant ces maisons, est l'un des endroits du monde que le « dromomane », quand revenu, forcé d'attendre, piétina le plus fréquemment. Derrière le moulin on voit un dôme polygonal qu'un léger campanile surmonte : la chapelle du séminaire, celle aussi du collège où il se battit, tout bambin, avec ses grands camarades, pour les empêcher de jouer avec l'eau bénite (3). Sous les arbres qui garnissent l'autre quai de la Meuse, on distingue le commencement de la place du Saint-Sépulcre, esplanade qu'il traversait au moment d'entrer en classe, et

(1) Voir Rimbaud, *L'artiste et l'être moral* (Messein, édit.).
(2) A depuis changé de nom et la maison de numéro : c'est maintenant, 7, quai du Moulinet.
(3) *Op. cit.*

l'œil peut discerner, même suivre, à partir du logis familial, le chemin qu'il prenait pour se rendre aux cours du professeur Izambard. A l'horizon, des champs qu'il parcourut souvent, où parfois il récolta les douces fleurs de *molène* (1) dont il se faisait des infusions sucrées, par simple gourmandise. Ils aboutissent à l'immense forêt des Ardennes ; les mûriers sauvages qui en bordaient la lisière furent non moins visités par l'écolier vagabond, tandis qu'il cherchait des rimes ou construisait des plans de bouleversement social ; on y aperçoit, à gauche, la trouée du Chemin vert, si parfumé, si charmant, que nous prenions tous deux pour rejoindre la grand'route allant en Belgique, pays, alors, d'un tabac qui ne coûtait presque rien.

Détails bien minutieux pour une histoire aussi grande ! Ceux que je vais donner ensuite m'exposeront à des reproches plus graves. On demandera s'il était nécessaire, 1° de raconter par le menu tant d'incidents puérils, 2° au narrateur de se mettre en scène constamment : « le moi est haïssable ».

C'est vrai qu'il y a dans ces souvenirs plus d'un enfantillage. Mais n'oublions pas que l'intérêt public s'est porté sur un « enfant de génie »,

____

(1) Que l'on appelle aussi *bouillon blanc*.

que celui-ci ne pouvait donc se dispenser d'être enfant. Les débuts de Rimbaud sont par comparaison les moments heureux de sa vie : fallait-il négliger ces jours dont il a dit tristement : « Que le monde était plein de fleurs cet été !... » (1)

Et puis beaucoup de curieux se plaignent que les biographies de Rimbaud soient trop dépourvues d'anecdotes. Les acheteurs de livres, qui consentent à affronter, en histoire littéraire, des questions subtiles, ont bien le droit d'être amusés un peu ; les littérateurs n'échappent nullement à ce besoin, ils ne sont pas les derniers à dire au compagnon de Rimbaud : « Vos théories explicatives peuvent être ingénieuses, nous admettrons à la rigueur qu'elles soient probantes, mais elles sont de vous, elles sont vous ; nous demandons à être *renseignés* sur votre ami : pourquoi ne pas raconter les petites histoires que vous savez ?

L'auteur parle de lui ? Dam !... Il ne peut pas faire autrement. Il était là. Tels mots, tels gestes du poète furent occasionnés, causés par lui. Quand Rimbaud prononce une parole — importante ou non, — ce serait bien hasardeux d'écrire qu'il répondit ainsi à une personne...

____

(1) *Illuminations.*

trop modeste pour se montrer. Le lecteur s'écrierait aussitôt : « La personne modeste nous ennuie... si sa modestie nous empêche de voir et comprendre ! »

Ce même lecteur m'approuvera, j'espère, de n'avoir pas mêlé ces récits très familiers à des études miennes plus synthétiques, où ils auraient fait longueur et peut-être égaré l'attention. Il m'excusera de mettre au jour, après mes ouvrages sur Verlaine et Germain Nouveau, des faits plutôt « à côté ». Je suis presque sûr de son indulgence, car il est friand de tout ce qui ramène ces deux-là aussi.

RIMBAUD

Souvenirs familiers

I

COMMENT J'AI CONNU RIMBAUD

Depuis cinquante ans, Charleville a un superbe lycée, muni d'installations somptueuses, comme il convient aux établissements fondés par la République. Dans quel quartier est-il au juste ? Je ne saurais trop le dire et on m'en excusera sans doute, car je suis un peu vieux maintenant pour assister aux leçons données par ses distingués professeurs. Mais en l'année scolaire 1866-67 je n'aurais pu invoquer ce motif de dispense, et à défaut de lycée, je devais me rendre quotidiennement au collège communal.

Celui-ci, par exemple, je vous y conduis les yeux fermés. Nous partons de Mézières, traversons la cité historique, vieille et noire à cette époque, n'ayant pas encore été détruite et rebâtie deux fois ; puis nous allons jusqu'au bout de Charleville, alors blanche et coquette plutôt. Je vous fais faire cette course — deux kilomètres, pas plus — parce que je la faisais moi-même et que, n'est-ce pas ? nous sommes ensemble pour aller au collège... qui vous indiffère, je veux bien, mais où nous trouverons celui qui vous intéresse : « le petit Rimbaud », comme on disait :

Nous voici sur la place du Saint-Sépulcre, Charleville est fini, un mur, à hauteur d'appui, nous arrête ; il borde la Meuse, que domine, de l'autre côté, une colline garnie de jardins entourant une villa décorée par une tour gracile, d'élégance vieillotte et naïve. De mon temps, l'édicule s'appelait « la tour Lolot » — Pourquoi (1) ? — Le coteau, sorte de butte Montmartre beaucoup plus petite, portait le nom de « Mont-Olympe », et il le porterait encore aujourd'hui que je n'en serais pas surpris, car il n'y avait aucune raison de le débaptiser (si l'on peut dire), puisque cela n'aurait gêné personne.

Mais l'aspect de la Meuse devant cet endroit mythologique ? Je mets la description au passé pour être plus sûr. Le fleuve était partagé en

---

(1) Et tiendra-t-on beaucoup à le savoir ?... Eh bien, je serai scrupuleux. Voici une explication, je l'offre à tout hasard. Dans une étude fort curieuse, intitulée ainsi : *Les prisonniers du Mont-Dieu*, et publiée dans la *Revue d'Ardenne et d'Argonne*, en 1907, M. Ernest Henry mentionne un *Lolot*, notable commerçant, mort à Charleville en 1817, et je crois cet ancêtre fort capable d'avoir été propriétaire, au moins inoculé ce goût suspect à quelqu'un de sa famille, car il fut incarcéré pour « incivisme » à l'époque de la Terreur.

deux parties, dont la première, de beaucoup plus large, coulait au pied du Mont-Olympe. La seconde, séparée par une sorte d'îlot (1) couvert de buissons rabougris et d'orties florissantes, avait eu pour destination d'alimenter en aval le Vieux Moulin. Dans ce bief aux eaux paisibles, et juste devant la place, des tanneurs avaient ancré un radeau où ils attachaient les peaux soumises aux premières opérations de lavage. Pour aller ensuite les retirer et remplacer par d'autres, une petite barque était attachée à la rive, au moyen d'un piquet de fer et d'une chaîne que fermait un gros cadenas.

Le promeneur voyait tous ces détails en regardant par-dessus le mur qui formait le côté nord de la place. Mais cette place elle-même ? Un carré assez vaste ; à gauche — puisque nous la voyons du nord — trois bâtiments successifs : le séminaire, sa chapelle, le collège ; en face (côté sud), d'abord, dans un coin, l'entrée de la

(1) Cette « jetée », plutôt, est dans le tableau de Mlle Sarrazin, mais vue de l'autre côté. Elle nous cache le second bras de la Meuse. L'artiste, cependant, pouvait voir et elle a peint les arbres du quai terminant la place du Saint-Sépulcre ; il n'y a qu'à s'imaginer sous ces arbres le « mur à hauteur d'appui » dont j'ai parlé et que nous retrouverons tout à l'heure. De l'endroit où elle avait disposé son chevalet, Mlle Sarrazin n'aurait pas, sans tourner la tête, aperçu le Mont-Olympe ; le lecteur devra donc le supposer à gauche du panneau et en-dessous du coin inférieur.

bibliothèque communale, puis le couvent des
« Dames du Saint-Sépulcre » donnant son nom
à la place, puis le débouché d'une rue, après
quoi des maisons bourgeoises, et nous voici à
l'ouest — notre droite — ; tout ce côté occupé
par des tanneries, qui exhalaient un parfum assez
spécial pour éloigner un peu les groupes de
gamins jouant là, soit avant, soit après les classes.

Si je me suis permis d'amener le lecteur depuis Mézières jusqu'à la place du Saint-Sépulcre,
c'est pour le préparer à cette explication que,
demeurant plus loin, je devais sortir de chez
moi plus tôt que les externes de Charleville, et
parfois arriver quinze ou vingt minutes avant
huit heures juste, moment où s'ouvrait le collège.
En attendant, j'allais jusqu'au petit mur qui
donnait sur la Meuse et j'admirais la tour Lolot,
espérant que surgirait de sa fenêtre en ogive le
hennin très enrubanné de quelque châtelaine ;
j'apercevais plutôt, quand par hasard s'y montrait une figure vivante, la face jaune et maigre
du propriétaire de la tour, maître Bougon,
avocat, homme très gai d'ailleurs (1). Mes re-

____

(1) Ceci dédié à Marcel Coulon. — J'assistai un jour à une
plaidoierie de Mᵉ Bougon devant la Cour d'assises. Il venait de
lancer certain argument d'un pathétique assez inattendu pour
que se détendissent une seconde les traits sévères de l'accusa-
teur public (un de ses amis probablement). Mᵉ Bougon, à l'instant même, s'arrêta, retira sa toque, la posa devant lui sur ses

gards s'abaissaient ensuite vers le fleuve et tout en bas du mur. Là je m'intéressais fort à voir la petite barque manœuvrée de façon très active par deux jeunes garçons de mon âge (une douzaine d'années), qui allaient eux aussi entrer en classe, et, en attendant, avaient déposé leurs livres sur du gazon qui bordait la grève.

C'étaient Frédéric et Arthur Rimbaud.

Souvent ils étaient déjà fort occupés quand je parvenais devant le panorama du Mont-Olympe ; mais plusieurs fois je les vis arriver en hâte, passer par-dessus le petit mur, dégringoler jusqu'à la barque et ne pas perdre un instant pour la secouer dans tous les sens, car ils n'auraient que ce divertissement au cours de leur journée, et encore le déroberaient à une maman terriblement sévère, ainsi que je l'appris plus tard. A coup sûr elle soignait jalousement leur tenue, qui m'intriguait un peu à cause d'un je ne sais quoi de très personnel, au moins de pas à la mode ou à peine. L'un et l'autre portaient un chapeau melon, un col blanc rabattu, un veston noir, un pantalon de drap bleu ar-

---

dossiers, et ouvrant de grands yeux vers son contradicteur : « Vous souriez, monsieur le procureur impérial !... Vous riez, homme habile et pervers !... Vous riez ! Moi je pleure !... Vous, riez !... Moi, je suis dans les larmes !... » Il ne dérida pas le jury, son client eut le *maximum*.

doise dont Mme Rimbaud avait dû acheter un coupon énorme, un rouleau sans fin, car je les vis culottés de cette nuance pendant plusieurs années de suite, et je ne garantis aucunement que l'auteur du *Bateau ivre*, quand il vint présenter ce chef-d'œuvre aux amis de Verlaine, ne portait pas encore un pantalon bleu ardoise.

D'habitude, les écoliers rient et crient beaucoup en jouant ; tout au plus ceux-là échangeaient-ils quelques mots brefs, et ils semblaient préférer le silence pour accompagner leurs ébats. Une fois dans le bateau, que l'un repoussait au large d'un coup de pied contre la terre, ils s'y tenaient d'abord debout, appuyant alternativement à droite et à gauche, pour le faire ballotter comme s'il eût été sur un océan furieux, puis cette chaîne, qui passait dans un trou pratiqué à l'arrière avant de se terminer par un large anneau, ils la tiraient à quatre mains pour revenir au bord, de nouveau repoussaient l'esquif dans le fleuve, et reprenaient leur balancement éperdu, toujours sans mot dire. L'aîné aurait bien continué ainsi jusqu'à la fin du monde, cet amusement simple et brusque lui suffisant ; mais, parfois, une contestation courte s'élevait : c'était quand le plus jeune, changeant d'idée tout à coup, voulait avoir autour du bateau de l'eau qui s'apaise, Frédéric (l'aîné)

paraissait ne rien comprendre à cette lubie ;
après une interjection de mauvaise humeur, il
se jetait assis à l'autre bout de l'embarcation,
avec un air de dire : « Je ne m'occupe plus de
rien !... » Arthur s'étendait presque à plat ventre,
et près de lui regardait s'aplanir les flots calmés
peu à peu, dont ses yeux avidemment sondaient
les profondeurs (1). Une cloche tintait sur la
place : Frédéric, ennuyé d'assister aux rêveries
de son frère, en profitait pour tirer sur la chaîne
et ramener le bateau ; ils empoignaient leurs
livres, escaladaient le talus montant jusqu'au
mur qu'ils franchissaient lestement, puis côte à
côte, un peu essoufflés, s'en allaient assez vite
pour arriver au second coup de cloche, alors que
« Chocol » (2), le concierge, ouvrait avec fracas
la maison des pensums.

Fort intéressé par les allures de ces petits

(1) Dans RIMBAUD, *L'artiste et l'être moral*, j'ai indiqué l'une
des sources d'inspiration qui produisirent *Bateau ivre* ; les lec-
teurs viennent d'en voir une autre. Ne jamais oublier, pour
comprendre Rimbaud, ces mots de lui dans *Illuminations* :
« la visite des souvenirs ». J'aurai occasion de revenir sur ce
point.

(2) Personne de nous jamais ne lui connut d'autre nom :
celui-ci étant bien suffisant puisqu'il indiquait ses services les
moins contestés par la gent écolière. C'était un vieillard coiffé
d'une casquette mollasse et portant un vaste tablier bleu empesé
terriblement. Au « père Chocol » succéda un concierge plus
jeune, que l'on ne voyait guère sans une fleur à la bouche ;

bonshommes proprets, aux yeux bleus, aux joues rondes et fraîches, que je voyais trépigner sur l'eau en se dépêchant, sérieux comme des papes, je désirais les connaître mieux : l'occasion ne s'en fit pas attendre. Un beau matin, je fus le voisin de Frédéric sur un banc de la classe d'allemand. L'on y chahutait pas mal. Un camarade le poussa sur moi, je le repoussai sur d'autres (simple réflexe), le professeur, au moment même, se retourna, prit nos noms, les inscrivit avec soin, et Monsieur le Principal nous colla une heure de retenue à tous les deux. Ce châtiment cruel consistait en une station debout — de onze à douze — adossés au mur d'un long couloir. Madame la Principale vint à passer, elle nous interrogea sur un ton de blâme compatissant : « Qu'est-ce qu'ils ont fait encore, ces malheureux ?... » Tournant mon képi dans mes doigts, j'essayai d'une justification où je m'emberlificotai (quand on n'a pas la conscience tranquille !...) Madame Desdouests, la meilleure des femmes, leva doucement les deux bras : « Tous des petits saints, a les en croire !... »

Rimbaud y fit allusion dans une de ses poésies ultra-comiques (inédites, perdues) :

. . . .

Derrière tressautait, en des hoquets grotesques,
Une rose avalée au ventre du portier...

puis se retourna vers Frédéric. Lui, avec plus de bon sens que moi, jugea que nous n'étions pas là pour faire des discours, il ébaucha simplement un pleurnichement confus — mais sincère, car il allait rentrer bien en retard, et sa maman était si peu commode (1) ! — « Au

(1) La mémoire de Mme Rimbaud m'est vénérable, parce qu'elle envoya ses fils au catéchisme, et se fit un devoir de procurer une bonne éducation religieuse à ses quatre enfants. C'était l'essentiel. En y regardant bien, cela donne au rôle d'Arthur et à celui de sa sœur Isabelle ce qui en restera de meilleur, puisque leurs existences aboutirent à un exemple réconfortant pour nous, spiritualistes. Mais le lecteur est exigeant, il voudra tout savoir des conditions qui régirent la vie des frères Rimbaud. Eh bien, voici : les fils et la mère : trois « caboches ». Aussi bien chez Arthur que chez Frédéric, un esprit d'indépendance, une obstination irréductibles, et, chez la mère, de l'autoritarisme non moins déterminé. Le mot « têtu » est comme la clef d'un drame familial qui dura autant que ces trois personnages. Alors, que l'on se figure Mme Rimbaud ayant mis dans sa tête que Frédéric et Arthur seraient des hommes très instruits, que l'on se représente Arthur — à qui il plaît d'apprendre — adoptant l'idéal maternel, mais le transformant à sa manière qui ne sera pas celle de Mme Rimbaud du tout ; Frédéric, d'autre part, ayant mis dans sa tête, lui aussi, que n'importe quelle étude est chose embêtante, à laquelle, par conséquent, il s'adonnera le moins possible ; voyons par la pensée l'énergique éducatrice, qui sait assez lire pour suivre un texte latin, et ne permet de se mettre à table que si on peut le réciter d'un bout à l'autre sans omettre ni déplacer le moindre mot : nous nous rendrons compte des « coucher sans souper » que dut connaître Frédéric ! Il y avait quignon de pain copieux, c'est certain : le délinquant dormait comme une souche et possédait une santé merveilleuse ; nous devons bien supposer pourtant que cela n'allait pas toujours « en douceur »... Mme Rimbaud était portée aux indignations vives... Par la suite, les

moins celui-ci est repentant ! » dit la bonne madame Desdouests, puis elle s'éloigna en jetant un regard découragé sur l'autre : l'ergoteur, l'endurci. En tout cas, cette communauté d'infortune me valut l'amitié de Frédéric. Nous nous retrouvâmes en classe de cinquième latine, professeur M. Roulliez, un blond à moustache de Gaulois, que ses élèves obligeaient souvent à se mettre en colère, et qui leur lisait du Jules Verne ou du Fenimore Cooper, quand ils avaient été sages.

Frédéric était le plus parfait des « amateurs ».

confidences d'Arthur m'édifièrent sur le système de terrorisme qui régnait dans sa famille. Je compris pourquoi le visage de Frédéric présentait ce mélange bizarre de gaieté, d'insouciance et de douloureuse contrainte. A force d'avoir été grondé et puni, à force de lever les sourcils dans l'appréhension des châtiments et des reproches, il conservait un front ridé, aux plis devenus rouges et plus apparents, parce qu'il avait le tic de les frotter avec ses deux poings. Je donne ces détails pour que l'on comprenne les vers ci-après :

Dans les yeux bleus et dans le front plein d'éminences,

(Poètes de sept ans).

Quand le front de l'enfant, plein de rouges tourmentes,

(Chercheuses de poux).

Employant un procédé qui n'est pas rare en littérature, si l'on veut peindre plus richement, le poète se servait de plusieurs figures pour en composer une ; son front était blanc et lisse, mais il pensait à celui de son frère. Et même on peut croire que, par plus d'un trait, les *Poètes de sept ans* réunissent les deux Rimbaud.

Aller en classe lui semblait une sorte de maladie chronique, de laquelle, sachant qu'elle durera un bout de temps, il faut tâcher d'adoucir les plus pénibles accès. Avec une régularité charmante, il remettait tous les jours un devoir, fait n'importe comment, se levait docile, pour réciter sa leçon, dont il disait fort exactement les premiers mots, par la bonne raison qu'il venait de les lire avant de fermer son livre, n'allait pas plus loin, bien entendu — trop scrupuleux qu'il était pour inventer — baissait la tête avec modestie sous les objurgations du professeur, prenait note consciencieusement des centaines de lignes à lui infligées, et sous la table, aussitôt, procédait à la confection d'une savante machine qui pouvait actionner trois plumes d'un seul mouvement. Du reste intelligent, spirituel quand il lui plaisait, toujours prêt à rendre service, mais... semblant avoir un parti pris, héroïque à sa façon et dont il ne se vantait même pas. Pourquoi aurait-il eu tort devant certaines lois de Nature, très évidentes, puisqu'il vécut plus longtemps que son frère et ses deux sœurs, qu'il fut le seul à fonder une famille et perpétuer sa race (1) ?

(1) J'ajoute qu'il fut bon soldat et qu'un de ses fils a été tué en défendant la France.

Le samedi, Monsieur le principal Desdouests venait lire les places obtenues en composition. A cause de ses longs cheveux gris jetés en arrière et qui rappelaient la perruque poudrée, à cause de son large et hautain visage complètement glabre, à cause de ses grandes façons et de son éloquence naturelle, je lui trouvais une ressemblance avec le Mirabeau dont j'avais vu l'image en mon histoire de France, et il m'impressionnait considérablement. Le dernier nom de la liste, M. Desdouests jugeait inutile de le lire à haute voix (1), mais arrêtant un regard de tristesse sur Frédéric, qui prenait alors un air de circonstance, il laissait tomber ces mots solennels : « Mon pauvre ami !... Et pourtant... l'exemple de votre frère !... »

Quoi donc, ce frère ? Je le demandai à Frédéric, et mon nouvel ami, consolé très vite, me répondit non sans fierté : « Arthur ? Il est épa-

______

(1) Il est certain que, les jours où l'on composait, Frédéric s'offrait de délicieuses revanches. N'est-ce pas ? sous l'œil de Mme Rimbaud, il fallait tout au moins feuilleter un dictionnaire, et, d'une façon ou de l'autre, couvrir des pages ; en classe, maman n'était plus derrière lui, de sorte qu'il remettait, proprement écrit, le titre de la version ou du thème, en histoire, en géographie l'énoncé des questions posées ; c'était tout, et le professeur n'éprouvait aucun embarras pour donner un rang à sa copie. Cependant je me hâte de dire qu'il lui arriva d'être dernier *ex œquo* avec deux ou trois camarades, ce qu'il acceptait sans aucune réclamation.

tant !... » Les camarades, aussi bien, étaient là pour corroborer. La réputation d'Arthur Rimbaud datait de son passage en sixième, de l'étonnant résumé d'histoire ancienne montré partout, avec un sombre orgueil, par M. Crouet. On avait alors jugé qu'il perdrait son temps s'il ne sautait une classe et n'entrait de suite en quatrième, avec le vieux M. Pérette. Mais, mâtin !... Celui-là...

Tant qu'il subsistera des prêtres vénérables ou des bourgeois chenus, ayant, séminaristes ou collégiens, passé sous la férule de M. Pérette, on agitera la question de savoir pourquoi cet homme redoutable avait été surnommé « Bos » ou « Jobos ».

Parce que, assurent les uns, il disait et redisait d'une voix étrangement caverneuse le fameux vers de Virgile :

Flammarumque globos...........

expliquant, bon humaniste, que la sonorité du mot « globos » donne l'impression d'une horreur éblouie.

— Non pas ! — réplique une école différente, mais à cause de l'intensité avec laquelle M.Pérette scandait, faisait sentir, ressentir et lugubrement retentir cette autre onomatopée latine :

Procumbit humi bos,

le « bos » tombant, vraiment lourd, sur le sol frappé de sa tête énorme, après l'écroulement du « *procumbit* », pour peu que les consonnes soient martelées ou roulées, que les voyelles soient mugies comme savait le faire l'émouvante basse-taille de notre initiateur à la poésie des anciens.

J'avoue incliner, pour ma part, à cette version dernière. Par le fait, « Jobos » est de mon temps, alors que le *nickname* s'était, par un long, excessif usage, progressivement déformé en des bouches capricieuses. Même de mes contemporains plus diserts ne s'étaient pas détachés de la diction primitive ; je me souviens qu'ils énonçaient encore : « le père Bos ; » et d'excellents esprits des générations classiques précédentes m'ont affirmé que ceux-ci puisaient certainement à la source pure.

Cependant je m'en voudrais d'exercer la moindre pression sur le jugement de ceux qui liront mes humbles souvenirs. Qu'ils prennent « Bos » ou « Jobos » au gré de leurs tempéraments divers. Je me contenterai d'observer que les insistances prosodiques de M. Pérette n'ont pu qu'impressionner fortement la toute neuve sensibilité poétique de Rimbaud et préparer — ô affolement du vieux semeur s'il avait prévu ce qui pousserait par la suite ! — le système nommé « Alchimie du verbe ».

Réellement n'entrevoyait-il pas des horreurs futures, lui apparaissant vagues encore, d'autant plus effrayantes ? On pourrait le croire étant donnée la méfiance qu'il montra tout de suite au « brillant sujet » présenté avec tant d'éloges par son collègue. C'est qu'au « père Bos » on n'en faisait point accroire, et il commença par guetter l'occasion de pouvoir dire au « petit prodige » qu'il était un simple cancre. Mais Arthur l'avait simplement « esbrouffé ». Du thème grec, de la prosodie latine, tant que tu voudras !... Et devant ces leçons trop bien sues, ces devoirs trop bien faits, ces sommaires d'histoire romaine trop exacts, il fallait accepter, subir la « dispense d'âge », avouer, par sa résignation devant l'inévitable, que le « Tout retarder » de Jean-Jacques Rousseau ne représentait en pédagogie qu'un enfantillage. Alors les lunettes étincelaient, les favoris blancs, dressés, devenaient électriques (1)... N'importe !

(1) Je ne voudrais pas laisser croire que le digne M. Pérette fût influencé par les rêveries de l'*Emile*. Peut-être ignorait-il ce poème en prose. Grâce à Dieu, l'on n'avait pas infligé encore au pauvre Jean-Jacques cet affront — qui l'eût tant irrité — d'en faire un guide pour l'enseignement *public*. Si M. Pérette méprisait les précocités, c'est que, sans doute, il n'avait pas été précoce lui-même et se considérait comme un prototype d'esprit normal, ce qui était parfaitement juste.

le petit drôle exaspérait son rude et consciencieux professeur, obligé de le mettre premier en composition, quoi qu'il en eût. Et M. Desdouests, sans savoir, chauffait encore par ses louanges la colère du brave homme, si bien que celui-ci, un jour, prenant à part son supérieur, lui chuchota : « Tout ce que vous voudrez !... Il a des yeux et un sourire qui ne me plaisent pas... Je vous dis qu'il finira mal (1) !... »

(1) M. Pérette aima toujours à prophétiser. Etant entré dans un bureau de tabac, pendant l'occupation allemande, il se trouva en présence d'un bel officier, tiré à quatre épingles, qui voulut avec lui causer politique, enchanté qu'il était de faire valoir, devant un universitaire, son aisance à parler français. Le professeur de quatrième, à la retraite depuis longtemps, mais resté rageur, entreprit d'épouvanter ce conquérant vaniteux : « Vous êtes aujourd'hui vainqueur : bien !... Attendons la suite !... Les Romains furent battus par les Carthaginois... au temps d'Annibal... puis ils vainquirent complètement leurs ennemis... au temps de Scipion Emilien... Et alors de Carthage il ne resta pas... pierre sur pierre !... » Il fermait les poings, scandait ses derniers mots avec un accent si impitoyable que les assistants — partageant du reste ses espérances — ne purent s'empêcher de frémir. Le Prussien sourit dans sa barbe soyeuse et poliment répondit : « Foui, mossié, mais les Romains... c'est nous. » Il se vantait, ô homme vénérable, et mieux que lui tu lisais dans l'avenir... A moins qu'Allemands et Français ne soient destinés à être, jusqu'à la consommation des siècles, Romains et Carthaginois tour à tour :

Di prohibite minas, di talem avertite casum !...

Il est au ciel à présent, mon vieux maître, et son âme connaît la mansuétude : j'espère qu'il voudra bien réentendre ce vers, assez fameux, que j'ai récité autrefois devant lui.

Des yeux ?... Les plus doux yeux bleus du monde !... Un sourire ?... Certes Rimbaud, en quatrième, était le contraire d'un enfant insubordonné. Quand M. Pérette l'avait-il vu sourire ? Probablement alors que lui-même, interrompant soudain une explication de grammaire, ôtait ses lunettes pour mieux voir et interpeller quelque « malheureux élève » (1) qu'il venait de surprendre inattentif ou penché vers l'oreille du voisin. Et ce sourire, à moitié moqueur de si singulière façon, que j'ai vu à tous les Rimbaud, à Frédéric, à Arthur, à Vitalie, à Isabelle, à Mme Rimbaud parfois — malgré sa préoccupation de sévérité constante, — ce sourire unique dans son genre, tout innocent qu'il fût en réalité, simple tic de famille, suffisait pour blesser « le père Bos », évidemment un éducateur excellent, mais d'humeur étonnamment susceptible :

« Est-ce que, non content de me déconcerter, ce galopin... se ficherait de moi, par hasard » ?... Je ne me rappelle pas si Rimbaud prononçait « Bos » ou « Jobos », quand il parlait de l'homme qui le premier lui apprit à ne pas confondre un spondée avec un dactyle ; ce que je puis affirmer

---

(1) Cette expression, qui lui était familière, annonçait toujours l'infliction d'un sérieux pensum. Quand M. Pérette vous appelait « malheureux élève », cela voulait dire deux cents vers de Virgile à copier pour le lendemain.

c'est qu'il lui rendait pleinement justice comme professeur et ne l'a jamais blagué devant moi (ce que pourtant j'aurais permis volontiers) : alors vous voyez bien !... Mais n'était-ce pas dans sa destinée qu'il passerait pour le diable en personne !

Quoi qu'il en soit, il m'attirait, cet être mystérieusement senti supérieur. J'aurais voulu m'en approcher, lui parler (1). Je n'osais, par crainte de Mme Rimbaud (2), qui venait régulièrement, après toutes les classes, prendre et emmener sa progéniture. Frédéric, en l'accompagnant, m'adressait de la tête un au-revoir, son frère imita bientôt le geste amical. Cela me donna de l'orgueil (3) et des espérances. L'année suivante, les fils étant grandelets, Madame négligea de venir. Ils s'en allaient donc seuls. Les camarades, habitués à les voir faire bande à part, les laissaient. Je m'enhardis. C'est Arthur qui rompit la glace à propos d'un détail assez amusant.

Les deux Rimbaud, si légèrement que le temps fût couvert, ne venaient pas au collège sans avoir chacun sous le bras un parapluie de

(1) Nous n'étions pas dans la même classe.

(2) Quand une femme maigre est d'allure imposante, ce n'est pas une plaisanterie. Sur les attitudes et méthodes de Mme Rimbaud, il faut lire les pittoresques *Souvenirs* de Louis PIERQUIN.

(3) Je ne dis pas cela pour me vanter, l'orgueil étant une disposition d'esprit misérable.

coton bleu. Or, depuis pas mal de temps, l'extrémité de cet ustensile, j'entends le bout opposé
à la poignée, manquait totalement, par suite, à
l'un comme à l'autre, d'une égale cassure. Je
crus devoir signaler le fait, d'un clignement d'œil,
à Frédéric.

— C'est lui, fit-il en désignant son frère.

— C'est toi, dit Arthur.

Il voulut bien me conter le drame.

Un dimanche, Mme Rimbaud, confiante en
les rigoureux principes de décence et de bonne
tenue qu'elle prenait soin de leur inculquer
chaque jour, les avait envoyés seuls à la messe.
En entrant dans l'église romane toute neuve,
bâtie en cette belle pierre de taille qui est la
gloire des Ardennes, Frédéric eut l'idée... mon
Dieu ! toute naturelle... de fourrer le bout de
son parapluie entre le mur et la porte — c'est-
à-dire du côté des gonds. L'on admettra bien
qu'Arthur ne pouvait faire autre chose que
pousser vite et fort la dite porte, qu'il en résulta un bruit sec et l'amputation consécutive,
non moins qu'irrémédiable, du pépin de Frédéric. Celui-ci, pensant à maman, fit une grimace à l'instant même remplacée par le plus
stoïque des rires. Quand leurs dévotions furent
accomplies, Arthur avait compris son devoir :
il glissa la fin de son parapluie au même endroit,

et Frédéric, prenant une prompte revanche, à deux mains devant lui jeta l'huis fatal : « Eh ! va donc » !... Les riflards se trouvaient désormais pareils. Pareille aussi fut la paire... de paires de calottes empochée — si l'on peut dire — par nos deux polissons quand Mme Rimbaud constata le délit ; mais de plus, pour qu'ils s'en souvinssent, elle leur déclara qu'ils n'auraient pas d'autres parapluies, qu'ils iraient à l'église, au collège, qu'ils iraient partout avec, *in sœcula sœculorum...* Et cette honte partagée leur causait une joie profonde.

Pour moi cette façon d'accepter les choses ajoutait au prestige intellectuel de Rimbaud une grandeur morale. A sa place, j'aurais souffert d'entendre les ricanements des camarades. Il n'en souffrait pas, cela me surprenait et me ravissait tout ensemble. Je devins fier de causer avec lui, privilège que ne m'enviait à ce moment personne, car la considération qu'avaient pour Arthur Rimbaud les autres élèves n'était pas sans quelque méfiance, provoquée par une sienne réserve mêlée d'ironie ; sans compter que les passions de cet âge : billes perdues ou gagnées à la bloquette, couvertures de cahiers ou timbres-poste échangés pour collections, et aussi les jeux ordinaires, comme poussées, coups de poing dans le dos, boules de neige assénées, etc., lui semblaient trop certainement négligeables, sinon même antipathiques. On avait très bien vu que, dès la sortie, au lieu de pousser les trois hurlements de rigueur, en fonçant tête baissée dans l'espace, au lieu de s'attarder à tourner sur lui-même, bras étendus et imitant des cris d'animaux, il gagnait d'un pas rapide, entraînant Frédéric, la rue qui débouche sur la place auprès du couvent. Et je devais trotter pour les rejoindre.

Un peu plus loin, on ralentissait le pas, quand hors de portée des braillards, et comme la rue Forest, où habitait sa famille, (1) était sur ma route, on pouvait bavarder quelques minutes sur de brûlantes questions : anciens et modernes, classiques et romantiques, ces derniers, surtout leur chef, étant généralement traités, à cette époque, d'écrivains futiles ou de hideux mécréants (2). Mais des collégiens à mauvaise tête les lisaient en cachette. Pour Rimbaud, qui com-

(1) Avant de s'installer quai de la Madeleine.

(2) Georges Izambard a publié dans *Vers et Prose* (1911) une lettre indignée de Mme Rimbaud, qui avait saisi aux mains de son fils un livre d'Hugo. La façon dont elle écrivait le nom du poète prouve qu'elle ne le connaissait aucunement, et, certes, elle eût rougi de connaître un auteur aussi mal famé. Aux yeux de bien des gens « le Père » était une sorte de malfaiteur, corrompant le goût public par la forme de ses vers, les consciences par le dévergondage de ses opinions ; des juges plus calmes le regardaient comme un « faiseur » ou comme un toqué.

mençait à s'éprendre de poésie plus moderne, Hugo était déjà loin. Il se contentait de porter sur lui un jugement d'ensemble.

— Qu'est-ce qu'il a fait de mieux ? lui demandai-je.

— En poésie, *Les Orientales*, au théâtre, *Angelo* (1).

Les grandes, retentissantes interpellations adressées à l'abbé Wilhem, notre professeur d'histoire, sur l'Inquisition ou Jean Huss, étaient d'autres « topics » de ces conversations hâtives, comme dévorées. Mais en politique, de même qu'en littérature, comme je restais en arrière de mon ami, bien que son aîné ! Qu'il me faisait

______

(1) Rimbaud devait, un peu plus tard, lire *Les Châtiments* et en faire grand cas. Vers la fin de 1874, déjà brouillé avec la littérature, n'ouvrant plus guère un ouvrage d'imagination, il avouait cependant avoir lu *Quatre-vingt-treize*, et, resté malgré tout bon critique, me disait : « Hugo a entrepris d'écrire un roman sans amoureux... chose nouvelle, hardie... Son livre est bien, en somme. » Il en parlait aussi avec estime dans sa dernière lettre à Verlaine. Celui-ci, qui voulait, depuis sa conversion, voir Hugo « de l'autre côté de la barricade », raillait de façon très crue, dans l'un de ses dizains comiques, le juge trop bienveillant :

Quatre-vingt-treize a des beautés et c'est senti
Comme une (ici un vilain mot).

Puis, dans la lettre qu'il m'adressa le 3 septembre 1875, revenait encore sur l'appréciation émise par Rimbaud : « 93 a des beautés » mais quel vieux pou !... » Il n'est guère de poète ou d'écrivain très sensible qui n'aient exprimé sur Hugo vingt opinions contradictoires.

sur ces terrains courir terriblement à sa suite !
Ce petit rire qu'il eut, quand je lui confiai :

—Paul Labarrière — mon voisin de classe —
désapprouve le *deux décembre*... Qu'en penses-tu ?
Rimbaud (treize ans, moi quatorze) répondit
brièvement :

— Napoléon-trois mérite les galères.

Je fus effaré, enchanté... Comme la vie devenait intéressante !... Qu'allait-il arriver, grand
Dieu !... Et les marronniers des « Allées », qui
m'avaient paru grands, me firent l'effet d'humbles arbrisseaux. Un jour, en 1868, j'eus à lui
citer de moi un acte prodigieux. N'étais-je pas
allé à pied jusqu'au premier village de Belgique,
où, dans l'auberge de Mme veuve Gâtin, j'avais
lu... *La Lanterne* d'Henri Rochefort ! C'était ça
un triomphe !... Pas assez riche pour acheter la
brochure, j'en avais appris des passages. Désormais Rimbaud m'accorda toute confiance (1).

Mais il y eut un moment où cette sortie dia-

---

(1) Ce doit être l'année suivante qu'il remit au professeur
d'histoire un devoir sur la *Révolution*, où fulgurait cette phrase :
« Danton, Saint-Just, Couthon, Robespierre, les jeunes vous
attendent !... » Le principal, nécessairement, fut mis en présence de cette déclaration rassurante, et, n'est-ce pas, Mme Rimbaud ? Son devoir était au moins de vous avertir... eh bien,
le lettré sceptique se contenta de sourire en haussant à peine les
épaules...

gonale dont je parlais tout à l'heure, ce parti-pris de Rimbaud d'échapper aux bruyances des jeunes garçons rués si exubérants hors du collège, prirent l'apparence d'une réprobation assez évidente pour que leur amour-propre en fût offensé. On aurait pu leur dire que chacun, en ne gênant personne, est libre d'agir comme il l'entend, mais...

Je me souviens d'un honnête chien assis au seuil d'une boutique devant laquelle, chaque minute, passaient, au trot vif ou bien au pas flemmard, des attelages de toute sorte. Habitué, depuis tant de jours, au grincement des roues et au piaffement des chevaux, ce chien mangeait ses puces très paisiblement. Survint une automobile. Aussitôt il s'élança, furieux, aboyant mille injures, prenant à témoin, l'on aurait pu croire, le ciel et la terre de l'indignation à lui causée par cette innovation absurde, par ce scandale inouï : une voiture qui marchait toute seule ! Plusieurs mois après, je revis mon toutou à la même place, des automobiles défilaient, nombreuses, il ne disait plus rien, il s'y était fait, la pauvre bête ! Beaucoup d'humains sont pareils, si quelque peu primitifs, si enfants, par exemple. Ce ne sont pas les plus mauvais : ils ont de l'excellent animal l'esprit conservateur et propriétaire, l'attachement aux traditions, la crainte, l'horreur de l'imprévu. Et ils manifestent ces sentiments avec de l'impétuosité qui révèle un jugement prompt, un peu court, incapable de subtilité. Soyons sûrs qu'ils deviendront de bons citoyens, grognant contre le percepteur, mais aimant leur patrie et montrant à l'étranger une défiance ou un dédain salutaires.

Chez plusieurs de ces réguliers la conscience en révolte finit par monter aux dents, pour jaillir en huées aiguës ; les jambes, surexcitées par une immobilité trop longue, portèrent en avant les corps, les poussèrent à suivre, impulsifs, la retraite répugnée du singulier camarade ; les poitrines se dilatèrent joyeusement à remplir de « hou ! hou ! » justiciers la rue muette aux portes closes.

Rimbaud refusa d'apprécier à leur valeur ces vociférations au fond très amicales. Obstinément il continua d'éviter le contact des bons petits garçons qui lui criaient le mépris dû à l'austère étude, aux raffinements grammaticaux et littéraires. Il fila, plus rapide, comme on se détourne d'un coup de vent chargé de débris aveuglants et malpropres. Peut-être eût-il fini par voir le vrai, s'il n'eût trouvé des malheureux qui approuvaient son erreur. Cette constatation faite par les petits criards qu'à leur bizarre camarade pouvaient parler tout de même des gens vulgaires comme moi, fit naître en leur indulgente mentalité la conviction qu'il n'était pas, après tout, si anormal. En sorte que leur animosité, refroidie, tourna peu à peu de la clameur à l'indécis murmure.

Et puis le dégourdi Labarrière, qui plaisait à tout le monde à cause de sa nature ouverte et franche, nous apporta l'appoint de sa popularité. En le voyant lui aussi frayer avec les frères Rimbaud, on les laissa tout à fait tranquilles. Ne louons pas trop ce chevaleresque. Il y avait dans son cas de l'intérêt bien entendu. Le gaillard faisait des vers, commençait des romans et des drames. Son bonheur était donc de déployer, tandis que nous remontions tous quatre vers les « Allées (1) » où demeuraient ses parents, des papiers qu'il lisait en relevant à petits coups de tête la visière de son képi (2), et ne s'arrêtant

(1) Dont le nom officiel était « Cours d'Orléans » : boulevard prolongeant Charleville dans la direction de Mézières. (Les deux villes ne sont séparées que par une prairie, ancien lit de la Meuse, qui ne manque d'y revenir au moment des crues annuelles. Un pont solide y a pourvu.)

(2) A cette époque, où tout le monde n'était pas soldat, l'on s'habillait volontiers en militaire. Les élèves du Collège portaient un costume d'officier d'artillerie : noir, avec des galons d'or au képi, des boutons dorés à la tunique et passepoils rouges un peu partout. C'était la tenue « de cérémonie », Frédéric s'en revêtait le dimanche pour aller aux offices, Arthur, non, parce qu'il ne voulut jamais entendre parler d'uniforme. Comment cet acte d'indépendance outrée fut-il souffert par Mme Rim-

que pour confronter, l'œil étincelant, la critique blagueuse du bon Frédéric. Celui-ci, n'étant pas soutenu, prenait le parti de tirer une sonnette, ce qui mettait fin à la conférence, car il fallait alors, chacun de son côté, jouer des jambes.

Labarrière devait être avec moi le jour où j'assistai, sur la place Ducale (1), à une scène non seulement comique, mais encore lamentable: des gamins pleins de joie, des femmes ardemment

baud ?... Il dut y avoir un commencement, au moins, de tragédie, et je suppose qu'étant fort économe, elle se rendit à une raison qu'Arthur était assez malin pour lui opposer : « dépense inutile ! » De sorte qu'en toute circonstance il conservait son chapeau melon et laissait à Frédéric l'orgueil de faire comme nous : porter même en semaine le képi, quand il était usagé, c'est-à-dire en galette, visière molle, galons ternis, etc., ce qui nous faisait ressembler à des commandants de batterie, qui seraient revenus de campagnes longues et très mouvementées.

(1) Des deux places de Charleville qui virent le plus souvent Rimbaud, j'ai décrit la première, celle du *Saint-Sépulcre* ; je dois aussi quelques mots sur la place *Ducale*. Le duc Charles de Nevers — sans qui Charleville n'existerait pas — la fit construire, au XVIIe siècle, et voulut qu'elle imitât la Place Royale de Paris. Elle la rappelle en effet : brique et pierre blanche, arcades, combles élevés : du Louis-treize un peu rustique, mais d'une poésie douce et noble ; à coup sûr pastiche heureux, de très bonne foi, qui n'a été, je crois bien, refait nulle part. C'est le centre de la ville, on pourrait même dire son cœur. Là est la mairie, là se tient le marché. Et il faut citer ici Louis Perquin dont les *Souvenirs* font défiler devant nous la famille Rimbaud, — « cortège original cheminant de façon impeccable » — quand elle allait aux provisions, parmi les voitures à bâches, les tables de poissonniers, les éventaires de colporteurs, les cagettes de volailles, paniers d'œufs, légumes et fruits étalés sur le pavé.

curieuses, qui se poussaient, pour voir, avec des mines dégoûtées, entouraient un pauvre diable d'ouvrier tellement ivre qu'il ne pouvait faire trois pas et pleurait à chaudes larmes, en gémissant : « Crapule... je suis crapule !... » et s'administrant, pour en témoigner, de grands coups de poing dans l'estomac. Je contai la chose à Rimbaud, croyant le faire rire. Il fronça le sourcil, devint très rouge et ne dit rien: Mais il s'en souvenait quand il écrivit *Le Forgeron*, ce beau poème de colère et de pitié :

> . . . . C'est la crapule,
> Sire, ça bave aux murs, ça monte, ça pullule,
> Puisqu'ils ne mangent pas, Sire, ce sont des gueux !
> . . . .
> On ne veut pas de nous dans les boulangeries ;
> J'ai trois petits. Je suis crapule. — Je connais
> Des vieilles qui s'en vont pleurant sous leur bonnet,
> Parce qu'on leur a pris leur garçon ou leur fille :
> C'est la crapule. . . . .
> Oh ! tous les malheureux, tous ceux dont le dos brûle
> Sous le soleil féroce, et qui vont, et qui vont,
> Qui dans ce travail là sentent crever leur front :
> Chapeau bas, mes bourgeois, oh ! ceux-là sont des hommes
> . . . .

D'abord venaient « les deux fillettes, Vitalie et Isabelle, se tenant par la main ; en deuxième rang les deux garçons, se tenant également par la main ; Mme Rimbaud fermait la marche à distance réglementaire... »

Sur cette même place Ducale — était-ce en 1868 ou 1869 ? — Rimbaud vit en même temps que moi une chose tout à fait nouvelle pour Charleville : ni plus ni moins qu'un cirque américain fourvoyé chez nous, je me suis toujours demandé comment. Luxe forain qui dépassait tout ce que l'on avait jamais vu en Ardennes. Je crois me rappeler que ces gens ne récoltèrent pas des sommes folles et qu'ils restèrent peu de jours. Cependant ils avaient fait quelques démonstrations engageantes, notamment des cavalcades où figurait toute la troupe, avec ses animaux les plus remarquables et ses accessoires de théâtre les plus opulents. Rimbaud se rendit-il compte que son imagination était frappée ? Je pense que non, il en parla à peine et les *Illuminations*, bien plus tard, devaient reproduire une série d'images très nettes, mais emmagasinées, gardées inconsciemment :

> « Défilé de fééries. En effet : des chars
> « chargés d'animaux de bois doré, de
> « mâts et de toiles bariolées, au grand
> « galop de vingt chevaux de cirque ta-
> « chetés, et les enfants et les hommes sur
> « leurs bêtes les plus étonnantes ; —
> « vingt véhicules bossés, pavoisés et fleu-
> « ris comme des carrosses anciens ou de
> « contes, pleins d'enfants attifés pour une
> « pastorale suburbaine... »

Telle est la partie la plus importante du poème

intitulé *Ornières*. L'auteur n'a guère ajouté à la vision réelle d'autrefois (1). Ce qu'il avait vu un jour à Charleville, ce qu'il avait oublié pendant au moins quatre ans, il le revoyait tout à coup dans les miroitements d'un chemin mouillé. Le *souvenir*, paraissant dans un cerveau avec ces allures de cambrioleur, on aurait été tenté de l'appeler *hallucination* : nous saurons que c'est un phénomène plus bénin. Cependant Rimbaud, énumérant ses moyens de création poétique et citant « la visite des souvenirs », employait là un mot que les imaginatifs seuls ont dû comprendre : la « visite » du souvenir est en effet bien autre chose que son évocation volontaire.

Je demande excuse pour cette digression et je reviens à l'année scolaire 1869-70, qui le vit en rhétorique. On a dit maintes fois les succès obtenus par lui, dès la 4e, en latin, grec, histoire, etc. Les élèves pensionnaires, plus sensibles que nous, malandrins d'externes, à la gloire de l'établissement, tenaient Rimbaud en haute estime. C'est qu'à la distribution des prix, les séminaristes, nos voisins, qui assistaient aux mêmes cours (2) et qui étaient d'enragés bû-

---

(1) Il ne faudrait rien conclure de ceci en lisant les autres *Iluminations*, dont chacune semble avoir son procédé de composition à part.

(2) En vertu d'un accord avec les autorités municipales et

cheurs, avaient pris l'habitude de tout ramasser, et nous, collégiens, on rentrait chez soi les mains dans ses poches. Ca nous était bien égal, certainement, vu que les récompenses distribuées consistaient en chefs-d'œuvre classiques et la moindre pipe d'écume eût beaucoup mieux fait notre affaire. Mais les parents — qui ne comprennent jamais rien aux choses les plus simples — avaient parfois la faiblesse de s'étonner, de demander : Comment ? Qui ? Quoi ? Pourquoi ? Aussi quelle réhabilitation éclatante, quelle joie furibonde, quand le nom d'un collégien retentit deux, trois, quatre fois de suite, comme une fusillade, après les mots : premier prix... premier prix... premier prix... Ce coup de théâtre avait eu lieu dès que Rimbaud eut fini sa seconde. Il devenait désormais un « type calé », un « chic type ».

Son année de rhétorique fut la plus laborieuse. Par une rencontre admirable — je dis : providentielle — sa force de travail, sa hardiesse de

universitaires. Pour l'archevêché, c'était une économie de professeurs, pour la bourgeoisie locale une garantie de conservatisme, pour le collège lui-même une élévation du niveau des études. Car les jeunes gens du séminaire étant nos aînés, et, par grâce d'état, plus studieux, attentifs, scrupuleux dans la confection de leurs devoirs, un collégien doué de quelque ambition devait énergiquement se secouer pour attraper de temps en temps une première place.

pensée se trouvaient l'une dirigée, l'autre accompagnée par un éducateur embrasé de l'amour des lettres, en même temps que muni d'un esprit singulièrement indépendant, que les étrangetés intellectuelles de son élève n'inquiétaient guère, amusaient plutôt. C'était Georges Izambard, professeur, à vingt ans, de la plus haute classe littéraire. Il se distinguait des autres maîtres de Rimbaud en ceci qu'il y avait de sa part fraternité, bien plus qu'indulgence, qu'il était lui-même un poète, par conséquent une sorte de frère aîné dont « le petit Rimbaud », qui avait tant besoin de grands frères, acceptait l'autorité avec une affection vive et charmante.

II

PROMENADES ET CAUSERIES

« Libre à Rimbaud de se promener...
dans Mézières et Charleville... »
(RIMBAUD, *L'artiste et l'être moral*).

Dès après ce mois d'août 1870, marqué pour la rhétorique de Charleville par des victoires si glorieuses remportées au concours académique, ce fut le bien connu patatras détruisant tout à coup l'espérance énoncée par M. Desdouests que Rimbaud entrerait à Normale avec le numéro un (1). Non seulement le terrible enfant ne voulait plus entendre parler de rien qui fût universitaire, mais il venait de jeter le gant à toute espèce de discipline et d'ordre établi, s'était offert, pour commencer, la paille humide des cachots, comme un Blanqui ou un Raspail. Plusieurs jeunes gens sérieux blamèrent ses initiatives et déclarèrent qu'il prenait « un mauvais chemin ». J'avoue à ma honte que tel n'était pas mon avis. Pour moi il devenait un héros et voilà tout.

Aussi que l'on juge de ma joie, quand, un

(1) Lire dans les *Souvenirs* de LOUIS PIERQUIN l'extrait, concernant Rimbaud, du Palmarès pour l'année 1869-70.

après midi de novembre, il vint me trouver chez nous, à Mézières. Ma mère, ignorant ses frasques et ne connaissant de lui que sa réputation sco_laire, le reçut avec empressement, jugeant que cet élève studieux pouvait être pour moi d'un bon exemple. Cependant les petits messieurs que nous étions échangent difficilement, dans le sein des familles, des propos qui soient pour eux d'un intérêt bien intense :

— Je vais le reconduire...

— Oui, et ne sois pas trop longtemps...

Je le reconduisis pendant deux heures. C'est-à-dire que, pour aller du côté de Char-leville, nous remontâmes la rue Saint-Julien, itinéraire à la Christophe Colomb — ajouterai-je pour les personnes qui ne connaissent pas la topographie du chef-lieu des Ardennes — et qui équivaut, en effet, à chercher les Indes en passant par les Antilles ; nous suivîmes le chemin de ronde qui longeait une caserne, puis le couvent des Dames de Sainte-Chrétienne, franchîmes la Meuse par le pont qui va au Faubourg-de-Pierre — tournant le dos à Charleville de plus en plus, — revînmes par la place de la Gendarmerie, par la rue de l'Hôpital, par le même pont de tout à l'heure, par des rues dont j'ai oublié le nom, qui nous menèrent place de la Poste, puis place de la Préfecture ; nous nous assîmes sous les platanes, à droite d'un édifice qui avait eu autrefois des raisons (je les ignore) pour s'appeler « Château-d'eau » ; ensuite, ne pensant qu'au danger de retomber dans la direction qu'il fallait, trouvâmes le moyen d'être, sans savoir comment, rue des Etuves, rue Bayard ; et enfin — parce que l'heure du dîner était proche — nous acceptâmes la rue du Faubourg-d'Arches, où, dans les molles tristesses du crépuscule naissant, la demoiselle du boucher, celle du ferblantier, celle de l'aubergiste et une quatrième jouaient une partie de raquette, et, sans jamais le laisser choir, se renvoyaient le volant avec une dextérité merveilleuse. Nous négligeâmes de ratiociner sur cet oubli complet des malheurs nationaux ; tout au plus fîmes-nous, à l'extrémité du faubourg, une halte de quelques minutes pour contempler l'antre du maréchal-ferrant : c'était si drôle de voir l'énorme soufflet incendier un gros tas de braises, tandis que, sur l'enclume, le solennel tapage du marteau s'accompagnait de mille étincelles qui montaient, en files rayonnantes, jusqu'au plafond d'un noir d'enfer !...

Il n'avait pas fallu moins que ce bout de féérie — dont la vue ne coûtait rien — pour interrompre la captivante conversation déroulée sur tant de macadams raboteux et de trottoirs aux largeurs inégales. Rimbaud m'avait décrit la façon très remarquable dont il occupa son existence, depuis la distribution des prix qui vit ses derniers triomphes et termina pour toujours son existence d'écolier bien sage. Nous avions — je le confesse avec une humilité pas assez profonde — malicieusement revu les incidents de cette journée fameuse : le beau discours de M. Lenel sur Virgile, celui de M. le procureur impérial parlant avec attendrissement de notre « auguste souverain », qui n'était encore pour lui, et pour tout le monde, à cet ironique instant, que le vainqueur de Sarrebruck entrant en Allemagne ; puis, par un splendide soleil, la dislocation papillotante de l'assemblée aux si belles toilettes parmi lesquelles étincelaient des couronnes de papier verni, l'arrêt soudain de ce monde joyeux qui se cassait le nez sur le mur de la maison Pouillard (1), où l'on venait d'afficher, depuis quelques minutes, un papier blanc terrible, copie d'iun télégramme officiel : défaite de Wissembourg... Et puis il me dit ses aventures pendant les trois derniers mois : Paris, Charleroi, Bruxelles, Douai. En cette dernière ville, Izambard et lui avaient fait quelque temps du journalisme de combat, mais Rimbaud, par la violence de ses opinions, par la truculence de

____

(1) Direction du *Courrier des Ardennes*.

ses propos, effaroucha le républicanisme fort modéré des Flamands ; il en résulta que sa collaboration fut plutôt néfaste. Les deux amis s'étaient consolés en se lisant réciproquement leurs poésies (1). Car il va sans dire que la vie errante venait de puissamment fomenter l'inspiration du gamin-poète. Et j'avais entendu, ravi, extasié, tandis que nous trottions par ce vieux et tout renfrogné Mézières, *Ma bohème, Au Cabaret vert, La maline...*

— Mais que feras-tu maintenant ? lui dis-je, au moment de le quitter à l'entrée du dernier pont-levis.

— Je ne sais... J'attends, pour repartir, un moment favorable... Maintenant c'est difficile... c'est impossible... cette maudite guerre étant partout... Paris bloqué...

— Alors, viens me voir.

— A demain !

Pour l'heureuse jeunesse qui vit ces temps calamiteux il n'y avait rien à faire que se promener en babillant. Nos professeurs, portant le képi noir décoré de passepoil rouge (2), s'amusaient à monter la garde et abandonnaient tota-

---

(1) La pièce de Rimbaud qui commence ainsi :

On n'est pas sérieux quand on a dix-sept ans...

a été inspirée par des vers d'Izambard sur le même sujet.

(2) Garde-nationale mobilisée.

lement leurs classes, la moitié des élèves, originaires de campagnes très occupées à faire la soupe des Prussiens, ne pouvaient rentrer au collège, et cet établissement, où le nouveau concierge (celui qui avait remplacé « Chocol ») se faisait du lard, parfaitement restait clos devant nos yeux enchantés. Rimbaud vint donc le lendemain, puis les jours suivants, et il me trouvait toujours prêt à sortir, les enfants n'étant bien que dehors, surtout quand ils ont à causer d'un tas d'histoires qui pourraient un peu étonner leurs ascendants.

L'automne, à son début, était assez doux. L'on se dirigeait vers Saint-Julien, ce bois de Boulogne de Mézières, d'autant plus commode qu'à deux pas et que, pour nos bavardages, nous trouvions de suite une agréable solitude. On traversait tous les systèmes de fortifications ajoutés successivement l'un à l'autre depuis Bayard et Vauban — grosses tours cylindriques, bastions, redans, demi-lunes, banquettes, plongées, talus de toute espèce, complications amusantes — avant de parvenir à l'entrée d'un parc public nommé « Bois-d'Amour ». Il commençait par une allée sablée entre des murs, d'un côté, et, de l'autre, une haie d'aubépine haute et bien fournie, où s'encastraient les énormes troncs de vieux, magnifiques tilleuls. Le « Grand jardin »,

vestige potager d'une demeure seigneuriale dis-
parue au siècle précédent, était le premier des
jardins clos de murs. Une porte assez grande,
protégée par une grille en fer forgé aux barreaux
terminés en flammes, indiquait la supériorité de
son origine sur la « race » de ceux qui le suivaient (sept ou huit), avec des portes étroites,
basses, quelques-unes cintrées, toutes ayant l'air
de branlantes, clignotantes petites vieilles.

L'avantage que nous trouvions à ces portes
de jardins, c'est qu'elles avaient comme palier
une ou deux marches fort commodes pour s'y
asseoir, le dos contre l'huis vermoulu (1), et allumer quelque cigarette amoureusement façonnée,
en guettant qui venait le long de l'avenue aux
beaux tilleuls ; car il est des gens indiscrets qui
ne verront pas un petit jeune homme en train
de fumer sans aller le chanter partout. Et si les
armées les plus glorieuses peuvent subir des
défaites, si les sociétés peuvent du jour au lendemain changer de forme et de principe, les
gamins ont immuablement le goût des satisfac-
tions défendues.

Rimbaud et moi, du reste, n'en abusions

---

(1) Est-ce au bas du mur encadrant l'une des portes, ou bien
sur la marche conduisant au jardin, que Rimbaud grava son
initiale ? Je ne m'en souviens pas, mais on l'y trouverait peut-
être encore.

guère, n'ayant pas beaucoup de sous, et les buralistes, bien que la France n'eût pas, à cette époque, déboursé d'un coup cinq milliards, ne donnant tout de même, pour dix centimes, que douze grammes de tabac. Quand nous avions suivi de l'œil, voluptueusement, aussi longtemps que nous pouvions, les volutes légères et parfumées, Rimbaud, qui avait vu, la veille, quelque professeur ami d'Izambard, tirait de la poche de son veston un Chamfleury (1), un Flaubert (2), ou bien la traduction de ce chef-d'œuvre de Dickens : *Les temps difficiles*. C'était la littérature d'observation, que je n'avais connue d'abord que par Lesage et Balzac, et dont il suivait le développement avec ferveur, qu'il aimait pour son réalisme hardiment honnête.Non pessimisme, affirmait-il, car les pessimistes sont des faibles d'esprit. La réalité cherchée, c'est le véritable optimisme. C'est un genre sain et saint... Bien voir et voir tout de près, décrire avec une précision sans peur la vie sociale moderne, les déformations qu'elle fait subir à la créature humaine, les vices, les maux qu'elle impose... Bien connaître les préjugés, les ridicules, les erreurs, enfin *le Mal*, pour en hâter la destruction. Et

(1) *Les amoureux de Sainte-Périne.*
(2) *Mme Bovary.*

ce qui sortira de cette âpre étude, n'est-ce pas la foi, l'espérance et la charité ?

Huit ou dix ans avant d'avoir lu Zola, ça me cassait un peu, des théories pareilles (1). Je comprenais ? Mon Dieu ! disons, si l'on veut, que je me sentais forcé de commencer à comprendre... En tout cas, Rimbaud avait traduit ses sentiments à lui — d'accord avec ce que je viens de dire autant qu'il pouvait être tout à fait d'accord avec quelque chose ou quelqu'un ou lui-même, — en de la poésie singulière dont l'énergie me causait une ivresse étonnée, il me lisait : *A la musique*, *Les Effarés*, *Le Bahut*, *Le Dormeur du val...*

On se levait, un peu fiévreux, on marchait, on allait jusqu'à la fin du parc, lequel s'élargissait,

(1) A présent encore je ne suis pas sûr qu'elles soient complètement erronées, malgré les abus auxquels donna lieu plus tard ce système littéraire. Zola s'était trompé en attribuant à la « Science » un rôle moralisateur, mais parfois il fut pénétré, à son insu ou non, par le sentiment du vrai. Prenons celui de ses romans qui passe pour le plus rudement naturaliste : *La Terre* ; donnons à ce livre un titre qui lui convient beaucoup mieux : *Le Péché*, et pensant à ce que disaient Blanche de Castille et saint Louis en parlant du « péché mortel », nous sentirons devant nous une œuvre terrible, qui prendra une signification religieuse.

Pour revenir à Rimbaud, nous savons par ses œuvres que son goût pour l'observation devait produire une faculté très puissante, qui, finalement, s'appliquerait de préférence, en littérature, à l'examen de sa propre vie intérieure.

après les jardins, et s'emplissait d'arbres centenaires. Nous restions alors à contempler le
soleil qui se couchait dans des nuages d'or et de
pourpre, là-bas, au bout de la prairie voisine ;
Rimbaud revenait à ses rêves d'art :

« Je n'en suis encore qu'à entrevoir le but et
les moyens. Des sensations nouvelles, des sentiments plus forts à communiquer par le verbe.
Je perçois, j'éprouve, je ne formule pas comme
je veux... Percevons, éprouvons davantage...
Quand est venue la science d'un langage plus
riche, la jeunesse est partie, les vibrantes sensibilités s'endorment... Les réveiller !... Des excitants ! Les parfums, les poisons aspirés par la
sibylle !... »

Voilà qui est fort joli ; seulement on eût pu
dire à ces penseurs profonds : « Si l'on vous
pinçait le bout du nez, il en sortirait encore du
lait ». De temps en temps reparaissait chez
Rimbaud quelqu'un de ces « tics noirs » avoués
par lui dans *Les Poètes de sept ans*. Je citerai
l'une de ces fantaisies perverses qui, d'ailleurs,
— l'enfant et l'homme vivant côte à côte (1) —
se transforma vite en exercice moral, ainsi qu'on
va le voir. Nous étions assis sur un des bancs

_____

(1) Il avait seize ans tout juste, moment où il écrivait à
Izambard : « JE est un autre. »

de pierre que jadis on mit çà et là, dans ce Bois-d'Amour, à l'intention de personnes plus sérieuses, bien certainement. Après l'animation de notre caquetage, il y avait eu un moment de silence, trop long, et, contrairement au proverbe, ce n'était pas « un ange qui passait », car mon ami devint tout à coup le « méchant gosse ». Ayant tiqué, à deux reprises, vers mon képi de collégien, il y tendit rapidement une griffe de chat qui joue, saisit entre deux doigts un bout de galon qui s'était détaché, tira... augmenta la déchirure.

— Non, mais !... T'as pas fini ?...

Et il recommença, de sorte que la longueur du galon pendant s'accrut d'un bon pouce. Ma foi, j'en demande pardon à Dieu et aux hommes, mais, pour venger ma coiffure, je donnai sur la sienne deux coups de poing (1), et tout de suite fus navré du résultat produit par mon geste : le petit chapeau melon, si harmonieusement bombé, autant dire tout neuf, présentait un enfoncement... qui ne se refermait pas. L'image de Mme Rimbaud parut dans mon esprit, et ma consternation, jointe à un reste de colère, me fit crier :

(1) N'ai-je pas prévenu que si l'on nous avait pincé le bout du nez...?

— Là !... Aussi, avec tes bêtises !...

Il sourit, ôta son chapeau, le jeta devant lui sur le sol où il avait plu récemment.

— T'es pas fou ?...

Sans répondre il se leva, donna dans son chapeau un coup de pied qui le fit rouler à trois pas, le suivit, frappa encore ; le chapeau carambola dans la boue. J'en aurais pleuré. Je m'élançai, rattrapai le couvre-chef tout à l'heure si gentil, le rapportai en l'essuyant de mon mieux, le rendis à Rimbaud, nous unîmes nos soins pour réparer le dégât, mais hélas !...

— Et ta mère !... Qu'est-ce qu'elle va dire ?... Il haussa un peu les épaules :

— C'est réglé d'avance : au pain sec pendant deux jours.

Je passai, pour ma part, cinq minutes au moins à n'être pas fier du tout. Bien vite on parla d'autre chose. Rimbaud était content, je l'en soupçonne, d'avoir fait tourner l'incident à son avantage en enseignant le stoïcisme à un camarade. Et l'ambition d'améliorer les hommes devait le posséder longtemps encore : « Il faut que j'en aide d'autres : c'est mon devoir. Quoique ce ne soit guère ragoûtant, chère âme !... » (*Une Saison en enfer*).

III

SACRILÈGES

Pauvre Bois-d'Amour ! Nous vîmes l'épouvantable outrage que tu subis à cette époque de guerre, et dont l'humiliation te reste, pour si longtemps encore inconsolée !

Rimbaud étant venu à la maison de bonne heure, l'idée nous sourit d'une promenade plus longue.

Toute séduisante que fût la rue de Saint-Julien, où le voyageur s'égayait, en passant, à voir grimper, tortillante, la « Rue-qui-glisse », reposait ses yeux sur le calme aspect de l'hôtel Tridémy, puis se réjouissait à noter cette enseigne : « Café turc » au front d'un pur estaminet flamand, nous prîmes, ce jour-là, une direction différente. Il s'agissait d'une attraction connue seulement des Macériens

A peine au sortir de l'enfance,

et qui consistait en le chien de la prison, pas moins. Cet animal, qui devait être énorme, autant qu'il était fidèle et rigidement consciencieux, on ne le voyait pas, mais on l'entendait... à travers une ouverture grillée, au bas du grand mur ; on causait avec lui, on le blaguait, il se fâchait, vous flanquait des sottises, d'une voix rude, rauque, formidable. On sentait bien, à l' « intonation », qu'il s'ennuyait à garder les prisonniers, et qu'il profitait de la moindre provocation venue de la rue pour se distraire un peu. C'était, par conséquent, charité pure que de lui « monter des bateaux ». Mais ce plaisir ne pouvait durer longtemps, parce que le tapage amenait dehors Monsieur le gardien-chef qui proposait aux petits drôles de les mettre... nez à nez avec son chien, afin de lui mieux expliquer leur affaire. Et vous voyez d'ici les galopades.

Rimbaud et moi causâmes donc avec le chien et nous fîmes par lui congrument eng... — ainsi que ce devait, beaucoup plus tard, être la mode en certain cabaret fort célèbre. — Quand parut le gardien, abasourdi tout de même en voyant des garçons déjà grands s'amuser à de telles sottises, nous prîmes un air indigné et criâmes à la cantonade : « Ah ! tas de gamins !... Ils se sont sauvés... du côté de l'Arquebuse... » Et nous nous lançâmes à leur poursuite.

Lorsque l'on avait — quittant la rue de la Prison, tout embaumée par les « drages » de la brasserie Fortemps-Heck — traversé le rempart sous un passage voûté, franchi le fossé sur un pont de bois vermoulu, on pouvait constater que l'*Arquebuse* — grand bastion détaché qui commandait une partie du cours de la Meuse — renfermait un assez vaste espace découvert où se trouvait un abattoir, une place pavée et munie d'anneaux pour tuer et griller les porcs, et enfin, vers l'autre bout, une maison carrée, à un seul étage, qui était le Conseil de guerre. Justice militaire et abatage des animaux de boucherie voisinaient, sans qu'il y eût en ce rapprochement aucune intention de symbolisme. D'ailleurs le bâtiment du Conseil de guerre prétendait garder ses distances et l'on n'y parvenait qu'en tournant le dos à l'abattoir, par une allée garnie de gravier, entre deux carrés de sol maigre, poétisé de ce trèfle rampant qui a des fleurs d'un si joli, si tendre blanc fané. Il fallait, pour monter au tribunal, gravir un escalier bâti à l'extérieur et protégé par une rampe de fer. Sur cet escalier venaient, insouciantes, s'asseoir les mères de famille du quartier, pour bavarder en cousant, tandis que, parmi l'orge sauvage, les petits s'émerveillaient, avec des cris et des rires, d'un doux cloporte ou d'un staphylin belliqueux.

Les marches de pierre grise étaient ce jour-là vacantes ; elles parurent à Rimbaud des sièges convenables pour une dînette littéraire. Il servit une friandise assez rare, que nous ne connaissions que de réputation, parce que longtemps interdite en France, mais qui passait librement la frontière depuis la révolution de septembre.

C'étaient *les Châtiments* de Victor Hugo, édition belge (ou suisse ?) brochure bleue, amusante comme tout à cause de son allure clandestine : imprimée en petits caractères et les noms propres, les noms des « flétris » indiqués seulement par des initiales. Le grand jeu était de retrouver tout son monde en lisant des vers comme ceux-ci :

> M....., M..... le grec, S.....-A....... le chacal,
> Tous se hâtent, P....., M............, S.....,
> R....., cette catin, T........, cette servante.

. . . .

Ah ! elles étaient bien traitées, les gloires ! J'en étais confondu, et quoique l'Empire nous eût mis dans un assez cruel embarras, j'avais peine à croire que ces messieurs fussent d'aussi vilains personnages. Ame lente que la mienne ! Rimbaud ne trouvait démesurée aucune invective. Le spectacle de tous ces noms illustres couverts de boue l'affermissait dans son mépris des classes dirigeantes. Il acheva de me désemparer en déclarant froidement : « Rassure-toi... les gens du nouveau régime ont à peu près la même valeur ».

— Hhooh !...

Mais novembre n'est pas si chaud que l'on puisse rester longtemps assis sur un escalier de pierre. Nous continuâmes notre excursion, descendîmes dans le fossé, et, après avoir gravi une contrescarpe en ruine, où bon nombre des moellons, étant partis, se trouvaient remplacés par des graminées et des fleurs (1), nous nous trouvâmes sur cette partie du terrain de servitude que l'on appelait « le pré Réole ». Ce pré

(1) Si elles étaient, pour la plupart, desséchées en automne, je me souviens d'en avoir cueilli là, avec lui, des bouquets pendant le printemps de 71 ; d'où « le rempart aux giroflées » qu'il évoquera dans une *Illumination*. Beaucoup de ces poèmes furent composés avec du souvenir (choses vues, sentiments passagers, fragments de lectures...). « Les vieux qu'on a enterrés tout droits » dans le même rempart viennent d'une image surgie la première, ou la seconde, et qu'il unit *arbitrairement* à celle des « giroflées », suivant son procédé assez habituel. La série *Enfance-II* se compose en partie de petits incidents qui appartiennent à la vie de Rimbaud promeneur. « L'essaim des feuilles d'or entoure la maison du général » : villa dite du général Noiset, située sur la route de Flandre, près Charleville ; « Le château est à vendre, les persiennes sont détachées. Le curé aura emporté la clef de l'église. On suit la route rouge pour arriver à l'auberge vide... l'écluse est levée... les calvaires, les meules... » : souvenirs ardennais encore. Il mêlait tout cela pour former le kaléidoscope à quoi il tendait et que finalement il devait appeler « *coloured plates* ». On observera que, même en ses tableaux de vie mentale, l'auteur des *Illuminations* cherche toujours la multiplicité, l'intensité des couleurs et l'inattendu en leur disposition. Artifice de peintre ; mais il y a aussi le fond de l'œuvre (stimulation de la vie psychique) plus troublant. Le coloriste c'est l'ancien lecteur de Gautier, le psychologue, celui d'Helvétius, tous deux voulant aller immensément plus loin que leurs inspirateurs.

allant jusqu'à la Meuse, j'avais l'intention de montrer à mon ami un tourbillon curieux, connu sous le nom de « Fosse-au-dragon », quand il étendit le bras dans la direction opposée : « Que s'est-il donc passé là-bas ? » dit-il en montrant les jardins non loin du rempart. Ce qu'il y avait eu, ce qu'il y avait encore était si surprenant que nous y courûmes tout de suite, oubliant la Meuse et ses tourbillons.

Imaginez un paysage auquel seraient habitués vos regards et qui s'effacerait tout d'un coup. Là où existaient la veille, en masse touffue, de grands arbres fruitiers, s'étendait l'immense blancheur du ciel sur un tas confus de verdure saccagée, effondrée, aplatie. Dans cette broussaille gambadaient, couraient une troupe, comme de singes à première vue, en réalité de gamins et de femmes du peuple avec des paniers remplis de fruits tardifs, poires, pommes, raisin, et que poursuivaient de gestes désespérés, de cris furieux quelques honnêtes propriétaires de ces jardins infortunés. Les bonnes gens répondaient, en se sauvant : « Eh bien, quoi !... Puisque à présent nous sommes en République !... » Pour ces naïfs raisonneurs la république c'était que l'on avait coupé les haies par le pied, renversé toutes portes et clôtures. « Tiens ! » ricana Rimbaud, « je ne trouve pas qu'ils ont tort ». En somme l'auteur de ce bel ouvrage était M. le Commandant de place, qui avait ordonné, conformément aux lois et réglements militaires — l'ennemi étant proche — de raser autour des fortifitions tout ce qui pouvait gêner la défense. Les soldats du Génie avaient opéré avec un zèle rigoleur ; pas un arbre, pas un arbuste ne restait debout, ils avaient coupé jusqu'aux groseillers. La hache ou la pioche à l'épaule, sarcastiques et chantonnants, ils s'en allaient vers d'autres forfaits. En sorte que, très amusés, nous les suivîmes. Naguère, quand on voulait passer du Pré Réole au Bois-d'Amour, il fallait prendre un sentier contournant les vergers : maintenant l'on pouvait aller tout droit, pourvu que l'on eût, comme nous, des jambes lestes pour franchir les branches à demi dressées, et des férocités de jeunes cabris heureux d'écraser sous leurs pieds bondissants les craquantes ramilles. Dès l'entrée du Bois, nouvelle extase. Tout le côté gauche, en face du *Grand jardin*, n'était plus, comme au Pré Réole, qu'un vaste abattis. Mais ce qui fit déchanter Rimbaud, c'est que les gros tilleuls de l'allée avaient été compris dans l'exécution. Pour les amants du pittoresque le « génie malfaisant » n'avait pas eu plus d'égard que pour les rentiers horticulteurs. Nous enjambions chaque tronc l'un après l'autre, et de plus en plus déconfits. « C'est dommage !.. » murmura le poète. Sa réflexion n'était que trop sincère : les coupeurs d'arbres attaquaient alors le commencement du Bois proprement dit ; plusieurs ormes étaient tombés ; deux tilleuls, les plus beaux de tous, venaient de s'abattre ; ils étaient là, couchés, séparés irréparablement de leurs racines, deux géants âgés de plusieurs siècles, et dont la vigueur, pourtant, semblait devoir être immortelle. Les soldats s'étaient arrêtés après cette horreur. Appuyés sur leurs terribles instruments de mort, ils se reposaient, graves, presque indécis... Près du vieux banc de pierre moussue, nous regardions, atterrés... Les sabots d'un cheval sonnèrent au bout de l'avenue ; un brigadier d'artillerie arrivait au galop ; il tendit au chef de l'escouade un bout de papier : c'était l'ordre d'arrêter le massacre.

Pauvre Bois-d'Amour !

Dans la suite on replanterait des ormes, des marronniers, des tilleuls, et puis l'on attendrait que les jeunes arbres, en leur lent, inlassable effort, fussent parvenus à la beauté des anciens colosses. Mais des générations et des générations d'hommes seraient descendues au tombeau; nous tous qui étions là, ce jour fatal, nous serions morts, morts nos enfants à leur tour, que le grand mutilé serait toujours triste malgré ses oiseaux chanteurs, et toujours montrerait — si lente, oh ! si lente à guérir ! — son affreuse blessure.

Nous revenions, pensifs ; Rimbaud, comme c'était son habitude en les minutes émues, marmotta ou balbutia :

— Il est des destructions nécessaires... Puis, s'animant, d'un ton net et railleur :

— Il est d'autres vieux arbres qu'il faut couper, il est d'autres ombrages séculaires dont nous perdrons l'aimable coutume.

— ? ?

— Cette Société elle-même. On y passera les haches, les pioches, les rouleaux niveleurs. « Toute vallée sera comblée, toute colline abaissée, les chemins tortueux deviendront droits et les raboteux seront aplanis ». On rasera les fortunes et l'on abattra les orgueils individuels. Un homme ne pourra plus dire : « Je suis plus puissant, plus riche ». On remplacera l'envie amère et l'admiration stupide...

— ? ?

— Par la paisible concorde, l'égalité, le travail de tous pour tous.

— Alors on ne produirait plus que le nécessaire ?

— J'y compte bien.

— Ce serait la médiocrité universelle. Nous

n'aurions plus de luxe, plus d'art, plus de beauté, plus de grandeur.

Il cueillit au bord du chemin une fleurette, la première venue, c'était l'achillée millefeuille, qui fleurit jusqu'aux premiers frimas.

— Regarde. Où achèteras-tu un objet de luxe, ou d'art, d'une structure plus savante ? Quand toutes nos institutions sociales auraient disparu, la nature nous offrirait toujours, en variété infinie, des millions de bijoux. Et quelle « grandeur », quelle « beauté » vois-tu dans la cupidité grossière, la vanité idiote ? Souffriras-tu beaucoup de voir s'évanouir ces chers mobiles de l'activité moderne ?

Que répondre ?... C'était bien affolant, certes ! Mais savait-on jamais où allait la causerie avec ce logicien fantaisiste ?... Nous avions commencé par nous entretenir bien gentiment de littérature, y mêler quelques considérations politiques, innocemment courir, ensuite, sur des rameaux en marmelade, et puis... Pourquoi aussi les honnêtes professeurs du collège de Charleville prêtaient-ils à Rimbaud les œuvres de Jean-Jacques, où il lisait des choses... comme ceci par exemple : « ... Que de crimes, de guerres, de meurtres, que de misères et d'horreurs n'eût point épargnés au genre humain celui qui, arrachant les pieux et comblant le fossé, eût crié à ses semblables : Gardez-vous d'écouter cet imposteur. Vous êtes perdus si vous oubliez que les fruits sont à tous et que la terre n'est à personne !... » Et pourquoi le chauvinisme étourdi de la bourgeoisie française venait-il d'amener ces déplorables circonstances, qui tuaient du même coup les tilleuls, les poiriers et la morale publique !...

IV

HIVER JOYEUX

Le collège ne rouvrant toujours pas, nous continuâmes nos promenades et nos babillages. Mais les rigueurs de décembre nous obligèrent à trotter ferme. Et c'était très bon pour « remuer des idées ». Vers le Pré Réole, les glacis couverts de neige, déroulant sous nos pas un tapis merveilleux à reflets lunaires, nous offraient une solitude absolue, délicieuse, où l'on était bien sûrs de ne rencontrer aucune de ces dames paisibles, qui ont fait dériver toutes impulsions coupables en le seul péché de médisance et disent : « Il est bien jeune encore pour user du tabac... prévenons sa famille : c'est un service à lui rendre ». Car maintenant — ô désordre des mœurs, ô malheurs de la France !... — on ne se contentait plus de la cigarette : on fumait, Rimbaud une *Gambier*, moi un *Jacob*. Et l'on agitait des questions hautes, vous pensez !

De la sociologie transcendantale on virevoltait à de quintescenciées littératures. Lui clamait vers le ciel couleur d'encre des vers de Mallarmé :

. . . .

Hosannah sur le cistre et sur les encensoirs !

. . . .

Il arriva que nos silhouettes, par trop brunes sur la neige trop blanche, agacèrent le brave « moblot » en sentinelle de l'autre côté de la rivière, sur un des bastions qui cerclaient la « Couronne de Champagne ». Ce n'était pas naturel, après tout, ces deux promeneurs dans un tel endroit, par un temps pareil. Que pouvait-on savoir ?... Ce serait un peu fort qu'il y eût un sale coup pour Mézières, juste au moment où c'était lui qui montait la garde !

— Hé ! là-bas... Qui vive ?

Nous restâmes d'abord muets, n'osant croire à l'honneur d'être pris pour un détachement armé. Ne voulant pas en démordre, le moblot arma son fusil :

— Qui vive ?... ou je tire...

— Français, Français, tout ce qu'il y a de plus Français ! lui cria Rimbaud riant comme un fou. Notre guerrier se contentait facilement, il répondit d'un ton grave :

— A la bonne heure !

Le poète lui tourna le dos et, soufflant dans ses doigts, se mit à réciter du Leconte de Lisle :

Les ânes de Khamos, les vaches aux mamelles
Pesantes, les boucs noirs, les taureaux vagabonds
Se hâtaient, sous l'épieu, par files et par bonds,
Et de grands chiens mordaient les jarrets des chamelles,
Et des portes criaient en tournant sur leurs gonds.

Cependant quand la neige tombait de nouveau, quant l'âpre bise nous fouettait les yeux, le nez, surtout les oreilles, on ne pouvait que se laisser tenter par la pensée d'un abri. J'ai dit que les jardins à gauche du Bois-d'Amour, ceux qui n'étaient pas clos de murs, avaient été rasés au commencement du siège. Ils le furent un peu précipitamment, sans doute, car en flânant dans les petites allées bordées de buis, où nous prenions plaisir à suivre les files capricieuses d'étoiles gravées dans la neige par des pattes d'oiseaux, nous découvrîmes, sous l'écroulement de deux cerisiers, une de ces baraques où se rangent les outils de jardinage, et qu'avait oubliée la hache des sapeurs. Alors, s'il devenait temporairement impossible de rester dehors, nous venions là, écartant les entrelacs de brindilles couvertes de givre. On tirait de leur cachette les deux pipes. La maisonnette n'avait plus de porte, eh bien, tant mieux ! nous y verrions plus clair... Que faisait le vent glacial ? Qu'importait le détail insignifiant de, parfois, un obus lancé au hasard par quelque bastion inquiet ?... Rimbaud ouvrait un volume de Banville, et, dans ses yeux de myosotis qui suivaient la douce ivresse des flocons dansant par milliards autour de nous, s'allumait une flamme candidement joyeuse, quand il disait, en battant la semelle, cette jolie *Ballade pour trois sœurs qui sont ses amies* :

. . . .
Le soleil rit sur les blancs espaliers
Et Marinette. est là, qui verse à boire.

V

COMMENT IL ÉTAIT ÉCRIT
QUE RIMBAUD NE SERAIT PAS JOURNALISTE

Il y avait alors à Charleville un photographe nommé Jacoby, dont le visage bienveillant et grave s'adornait de la plus imposante calvitie, et de la plus belle barbe argentée qu'il soit possible de voir. Il était naturellement — barbe oblige — républicain de vieille roche et ancien proscrit de décembre, ce qui faisait que Rimbaud le jalousait un peu et volontiers lui eût fait grief d'être né trente ans avant lui. Cependant, sans le connaître davantage, il l'aimait beaucoup, parce que cet apôtre venait de fonder un journal démocratique, intitulé *Le Progrès des Ardennes*, et que lisaient avec satisfaction toutes les personnes mal pensantes du département. J'entends dans les endroits où ne régnait pas la censure prussienne, attendu que nos ennemis nous faisaient l'honneur de s'intéresser à nos petites affaires de ménage, et en fait d'opinion politique, ne toléraient que la « comme il faut ».

N'importe, sapristi ! nous n'étions pas sous leur coupe : de Maubert-Fontaine à Rocroi, de Givet à Mézières on pouvait encore lire tous les jours, grâce au *Progrès*, de jolies périodes sur « l'homme de Sedan », celui « au cœur léger » et autres méchants plus ou moins notoires. (Cela aidait à passer le temps, faute de mieux, en attendant que reprît dans sa beauté le commerce des clous et des brosses). Rimbaud, ayant raté ses débuts comme journaliste à Charleroi et Douai, pensa qu'il pouvait recommencer la tentative à Charleville, Paris se trouvant ajourné indéfiniment. Jacoby fut son espoir. Il lui envoya des vers. Je ne me rappelle plus lesquels, mais crois qu'ils étaient bien fantaisistes, car le directeur du journal démocrate répondit — sous la rubrique *Correspondance* et un peu sèchement — que les circonstances ne prêtaient pas au jeu des « pipeaux rustiques ». Je me souviens surtout de cette expression, qui causa au poète un étonnement sincère, et pourtant ne le découragea pas.

Il fit suivre son ou ses poèmes d'un petit chef-d'œuvre en prose dont voici le schéma :

Bismark est abominablement saoul. Un Bismark autrement n'aurait été, je suppose, accueilli par personne. Donc il est « rond comme une cosse (1) », Monsieur le Chancelier de l'Allemagne du Nord. Et il rêve, accoudé sur sa table où s'étale une carte de France. L'œil alourdi par

(1) Comparaison ardennaise.

l'ivresse, l'œil clignotant du monstre suit l'index qui tourne, tourne... autour de Paris... qu'il faut prendre... s'arrête ça et là, marque des points de repère : Etampes, Soissons, Versailles, repousse d'un geste furieux des choses, là-bas, sur la Loire... tourne, tourne encore... peu à peu rétrécit le cercle fatal ; puis l'homme se penche, il pose enfin sur le point voulu sa pipe de porcelaine dorée... voluptueusement il grogne... mais l'œil se ferme, la grosse tête chenue s'incline, s'affaisse... il dort — tellement saoul !... — Tout à coup un cri, un hurlement... c'est lui qui s'éveille, le nez grésillant dans sa pipe ardente !...

Cet ingénieux symbole — qui avançait de quarante-quatre ans et deux mois — ne fut pas inséré par l'homme grave qu'était Jacoby. Rimbaud lui envoya encore de son style, moi aussi, je dois dire — nous n'avions que ça à faire ! — notamment une belle lettre à grandes phrases, douzième accessit de discours français, où, répondant à une assertion contraire, et pleine de raison, d'un autre journal, je soutenais mordicus — n'étant pas le premier, du reste — que le maréchal Bazaine avait bel et bien « trahi (1) ». *Le Progrès des Ardennes* recevait tout et n'insé-

(1) Depuis je me suis documenté sur la question Bazaine et je regrette fort d'avoir écrit pareille sottise.

rait rien. Il y avait un *hic*, nous l'apprîmes trop tard. Ce qui gênait Jacoby c'est que nos élucubrations étaient signées de pseudonymes. Il nous en avertit le 29 décembre, en les termes suivants : « MM.. Jean Baudry (1) et Charles Dhayle. Vos articles m'intéressent, mais soulevez un peu le bavolet de votre loup, S. V. P. ».

— Il ne lui faut que cela ? dit Rimbaud... Parfait ! Nous irons le voir.

On allait être des journalistes !... Certes, aucune espèce de roi n'aurait pu se dire notre cousin, même à un degré très éloigné, quand nous lûmes ces lignes prometteuses, dans la petite baraque, en fumant nos bouffardes culottées déjà de façon très convenable.

C'était le 30 décembre ; le ciel, qui devait être radieux le lendemain, pour la petite fête que nous préparait l'artillerie allemande, fut ce jour-là plus noir que jamais, la neige tomba plus drue, jusque vers quatre heures, les bastions tonnèrent plus souvent et Rimbaud me disait, narquois :

— Qu'est-ce qu'il a donc, ton pays ?... 'l'est malade ?...

(1) On sait que sous ce titre fut joué au Théâtre-Français, en 1863, un drame écrit par Jules Vacquerie et qui eut un moment de célébrité. Type idéal de l'abnégation, *Jean Baudry* devait plaire à Rimbaud, et celui-ci prenait pour signature le nom du *saint* qu'il avait choisi.

Cependant les choses ayant l'air de tourner au vilain, et les portes de la ville pouvant être fermées subitement, ainsi qu'il était arrivé plusieurs fois dans des cas d'alerte, nous jugeâmes à propos de rentrer de bonne heure. Par un excès de précaution — que nous eûmes à regretter — j'emportai les deux pipes.

En descendant la rue de Saint-Julien, nous vîmes un rassemblement de populaire autour du tambour de ville (1). Le maire donnait avis à la population qu'une dernière sommation venait d'être apportée à la place et que l'ennemi ouvrirait le feu au lever du jour.

— Est-ce que ça y serait tout de même, en définitive, depuis le temps ?... Bah ! encore une blague !... Nous n'aurions pas la chance de voir ça !... La vie était ici toute en banalité, en pot-bouille... Pouvait-il arriver quoi que ce fût dans un endroit aussi vulgaire ?...

C'est ce que suggérait à nos imaginations folles le visage austère, grognon, maussadement positif de ces vieilles maisons où n'habitaient que des gens hostiles — nous pensions — à toute

(1) L'apparition de ce fonctionnaire annonçait ordinairement une mesure administrative ou un fait d'intérêt national ; quand il ne s'agissait que d'objets perdus, de mises en vente sensationnelles, etc., il suffisait, pour exciter l'émotion publique, d'une petite poêle que battait sévèrement une clef de fort calibre.

espèce de littérature, par conséquent à toute poésie, à toute tragédie, à tout ce qui sort de l'économie domestique, du linge empilé dans les armoires, des « choses à leur place », et il nous semblait que pareille ville repoussait de soi-même, excluait forcément le pittoresque rutilant des catastrophes... Comme on est bête quand on est jeune !..: Et l'on a bien raison...

Le rendez-vous habituel fut donné avec un scepticisme bravache, non sans espoir, frissonnant, qu'il serait impossible, attendu que... l'on verrait enfin — enfin, enfin ! — quelque chose de drôle.

Ce fut très « drôle », en effet...

Le bruit du canon pleinement, largement sonore, nous fait sursauter avec un léger battement de cœur non désagréable, et puis on l'associe à des souvenirs de fête, à l'évocation d'histoire glorieuse dont fut bercée l'enfance, on dit : « Ah ! ah ! » d'un petit air de menace, fier et content. Mais un obus qui éclate !... Imaginez (1) la sensation, brutalement imposée, d'une grosse farce inattendue, le tapage absurdement, stupidement excessif d'un pétard fabriqué par quelque enfant de Brobdignac... C'est ridicule !... Et c'est très

____

(1) Je dis cela pour les dames.

fatigant... Je sais bien que quand la plaisanterie commence, les premières explosions suscitent le départ des vitrages, qui viennent alors en foule danser par terre avec des chants d'harmonica, mais la compensation dure peu, cesse totalement d'exister quand il n'y a plus de carreaux à aucune fenêtre, et que l'on entend exclusivement l'obus « nature », l'obus tout sec. J'aime autant rien. Les artilleurs eux-mêmes conviennent qu'il peut être amusant d'envoyer des projectiles, beaucoup moins d'en recevoir.Nous pouvons, pour nouvel examen, renvoyer cette question à l'école des *Bruiteurs* qui s'en est déjà occupée.

Le feu avait pris tout de suite. Les bonbons tombèrent dans la grande rue dès huit heures du matin. A neuf heures, sur la hauteur du Château, la pension Royer, qui servait de point de mire, brûlait tant qu'elle pouvait. En dessous, les toits crevés s'ouvraient aux étincelles. La maison du grainetier Brice, celle du chapelier Pivet furent ensuite les premières que je vis s'allumer toutes joyeuses. Car il n'est rien de triomphalement gai comme un incendie livré à lui-même, sans aucun pompier qui l'ennuie (1).

(1) On ne put se servir des prises d'eau, pas plus qu'il ne fut possible de puiser dans la Meuse, une profonde couche de glace étant partout.

L'artillerie qui nous bombardait se tenait à une lieue, la

Le temps était superbe, le ciel bleu, irradié ; le côté de la rue que je voyais recevait la brillante clarté du midi. Cette prise de possession des maisons par les belles flammes, non rouges mais d'un or pur, avait lieu dans une complète solitude, comme en rêve : pas un cri d'homme ou de femme, pas un geste, pas un être vivant. Le feu seul parlait, d'une voix sèche et hâtive, contrastant avec ses allures de joie. Les maisons s'embrasaient ainsi l'une après l'autre, paraissant dire : « A moi ?... Quel bonheur !... » Je vois encore, à un deuxième étage, une vitre, épargnée par miracle, où jouait un rayon de soleil paisible et doux. Et tout autour, vite, vite,

nôtre ne pouvait atteindre plus loin qu'à mille ou douze cents mètres. Pourtant quelques gardes-nationaux voulurent se servir de leur canon et envoyer des obus. Ceux-ci n'inquiétaient pas l'ennemi pour ses batteries, mais auraient pu gêner ses détachements retranchés plus près de la place, en prévision d'une sortie. La pièce fut donc aussitôt répérée et contrebattue. Un projectile tomba sur l'épaulement qu'il démolit. Des morceaux de terre gelée, projetés en mitraille par l'explosion, blessèrent cruellement un garde-national, lui enfonçant deux côtes et lui brisant une jambe. Ce malheureux survécut. Un peu après la guerre nous le rencontrions parfois, se traînant, comme il pouvait, dans les rues de la ville. C'est ainsi que Rimbaud fut mis au courant de l'épisode, et la réminiscence est évidente en ce passage d'*Une Saison en Enfer* : « Général, s'il reste un vieux canon sur tes remparts, bombarde-nous avec des blocs de terre sèche. » On voit, une fois de plus, que si Rimbaud utilise le souvenir, c'est souvent pas fragments « retaillés » dont son imagination fait de la mosaïque.

aux fenêtres noires les flammes d'or s'appelaient. De temps en temps, dans l'air, un bruit d'archet sur la note grave, puis un sifflement rageur, puis l'assourdissant, le déchirant fracas du sale obus.

— Décidément, pensai-je, l'affaire se prolonge. Il n'est pas possible que Rimbaud vienne aujourd'hui, mais j'aurai à lui narrer demain des choses qui me donneront quelque importance.

Réellement j'eus à dire plus que je n'aurais voulu :

La fuite vers six heures du soir, quand notre maison prit feu, l'embarras du choix entre ces trois rues brûlant de bout en bout, et présentant chacune deux longs murs également faits de flamme et de braise incandescente ; la chance de découvrir un coin sombre, une ruelle conduisant aux remparts, seuls épargnés ; la « Vieille gendarmerie » (1) qui nous accueille d'abord grâce à la générosité de son locataire ; l'obus qui tombe sur le haut de la cheminée où il s'empresse d'éclater sans y descendre, fort heureusement (2), mais dont la poussée d'air, venant jusqu'en bas, renverse dans cette

_____

(1) Depuis longtemps désaffectée. Quelques années après la guerre, elle fut rebâtie et devint une grande école.

(2) Je le porte dans mon cœur, ce gros-là.

salle une douzaine de réfugiés, avec la lampe qui était sur la table, en sorte que je m'écriai :

— Quelqu'un est blessé : j'ai du sang qui me dégouline dans le cou !...

— Mais non ! c'est l'huile de la lampe... Ensuite les longs instants passés en cave, la contemplation du soupirail rose où je voyais neiger sans fin les étincelles de diamant, produit des riches combustions voisines ; à minuit les Prussiens — toujours spirituels — qui nous souhaitent « bonne et heureuse année » en envoyant, l'un sur l'autre, quatre-vingts projectiles ; (1) l'horloge de l'église qui intervient dans le débat pour nous informer que le clocher restait debout, mais ayant, cette malheureuse, perdu absolument la tête, car elle fit sonner à la file toutes les heures qu'elle avait dans le ventre. Que de détails impressionnants ! Mon ami aurait-il la patience de me laisser tout raconter ?

Charleville avait reçu quelques obus seulement, (2) le matin. Mme Rimbaud, en mère

—————

(1) L'ancien Mézières était une ville fort petite : l'étendue à peine de notre Champ-de-Mars.

(2) Ils firent des victimes : le directeur de l'usine à gaz fut tué devant la mairie ; Paul Sacré — plus tard collègue et ami de Verlaine au collège de Rethel — eut la main droite coupée au moment où il fermait une porte.

prudente, enferma tout son monde et mit la clef dans sa poche :

— Non, monsieur Arthur, on ne va pas voir tomber les bombes chez nos voisins : cela n'a rien d'intéressant, au contraire.

« Monsieur » Arthur dut ronger son frein jusque vers sept heures du soir. Quand il put s'échapper, ce fut pour courir vivement route de Flandre, d'où l'on voyait. Cette petite ville noire qui brûlait sans mot dire lui donna l'impression d'un objet plutôt hideux.

— Rien d'imposant, me dit-il plus tard, une tortue dans du pétrole.

D'autres gens étaient là, simplement intéressés par le spectacle d'« une chose que l'on ne voit pas tous les jours », et s'occupant surtout à échanger des commentaires intelligents :

— Il n'en restera pas beaucoup des habitants de Mézières !

Du tac au tac répondit l'interlocuteur, dont le bras, soudain tendu, effaça du monde à l'instant plusieurs milliers d'existences :

— Jusqu'à tout-à-l'heure, il en est sorti... pas beaucoup... ! Maintenant il n'en sort pas un... Tout ce qui reste là-dedans est rôti, voyons !... Pas difficile à comprendre !

— Parbleu, dit un troisième personnage qui aimait les solutions nettes.

— Pour sûr ! Et puis quoi ?... C'est la guerre !

Content de son éloquence, fier de sa philosophie, l'homme énergique redescendit vers Charleville. Rimbaud se mit à penser à moi et, dans le creux de sa main droite soupesa, non sans une ironie mélancolique, le petit tas de cendres que pouvait former son ami.

Supposition fâcheuse qui se trouva pour ainsi dire confirmée, deux jours après, par la lecture d'un émouvant article paru dans l'*Etoile belge*. Cet excellent quotidien racontait le bombardement de Mézières, disait les bras, jambes, têtes emportés, les quatre-vingts ou cent personnes déjà trouvées mortes d'asphyxie, donnait une longue énumération des disparus, demeurés probablement sous les décombres non fouillés encore. Ma mère, mes sœurs et moi étant portés sur cette lugubre liste (1), Rimbaud devait admettre qu'il ne subsistait aucun doute. Pourtant il voulut s'assurer du fait par lui-même.

Les Prussiens étaient entrés dans la ville vingt-quatre heures après la capitulation, avaient

---

(1) La « Vieille gendarmerie », dans les ruines où on ne la distinguait plus, formait comme un îlot insoupçonné ; tout ayant brûlé autour, on ne supposa pas tout d'abord qu'elle eût échappé au sort commun et renfermât des êtres vivants.

fermé toute issue à cause de la garnison prisonnière, et puis, leurs précautions prises, leur installation faite, ils se décidaient à rouvrir les portes.

Si Mézières flambant au loin, dans la soirée du 31 décembre (1), avait paru peu solennel à Rimbaud, il lui sembla piteux et même parfaitement ignoble vu de près, montrant ses entrailles répandues : murs noircis, écroulés ou découpés follement, sans aucun souci d'art paysagiste, papiers de tenture déchirés, pendants, sales, tronçons d'escaliers suspendus et fumants, avec leurs rampes livrées à des fantaisies de torsion d'un dessin inacceptable ; et puis les odeurs : celle des tisons et des cendres qu'éteignait peu à peu la neige fondue, celle aussi des animaux domestiques étouffés, à demi carbonisés dans les ruines, âcretés et putridités se combinant pour produire un ensemble que l'homme ne connaît pas souvent et c'est tant mieux. Pourtant un épisode l'égaya : cette campagnarde criant : « C'est pu dè guerres, c'est dè massac's !... » mais s'arrêtant de gémir pour ramasser, jeter dans sa hotte quelque débris utile aperçu parmi les décombres. Il parvint

______

(1) 1870.

à notre maison — coin des rues de Saint-Julien et du Pont-de-Pierre, — constata qu'il n'en restait qu'un mur percé d'une embrasure de porte, qu'il franchit, sentit sous ses pas des marches au-dessus desquelles s'ouvrait l'entrée d'une cave. A sa grande surprise, il vit que rien n'empêchait d'y descendre. Alors il allait savoir... découvrir ou non les restes du camarade asphyxié. Ce déblaiement de l'escalier était l'œuvre de bons pioupious allemands dont le dévouement n'hésitait pas à s'aventurer dans les substructions les plus ténébreuses, afin de « sauver » les pauvres bouteilles de vin qui pouvaient y être encore. De sorte qu'en fait de cadavres, il se trouve nez à nez avec deux grands gaillards, coiffés de bérets noirs à bande rouge, qui furetaient, s'éclairant d'un bout de chandelle, lui souhaitèrent le bonjour très poliment, et montrant un fût de bière épouvantablement enfumée, lui dirent avec douceur : « Nix boune !... » Il était fixé ; l'ami n'était pas mort du tout et l'avait fait patauger pour rien parmi tant de gravats, mais où abritait-il maintenant sa carcasse !...

Les survivants n'étaient pas rares, on les entendait jaboter un peu partout. Promené quelque temps de renseignement problématique en indication vague, il escalada encore des tas de fumerons ou plâtras informes, esquiva plus d'une entorse, écouta des élégies nombreuses, finit par avoir « le bon tuyau. » Mais la nuit était venue ; nécessité de retourner à Charleville, car les Prussiens, abusant de leur victoire, levaient, dès la chute du jour, nos ponts-levis — comme s'ils avaient eu le droit de s'amuser avec, les misérables ! —

Ma famille et moi avions été recueillis charitablement, je l'ai dit, par le bon M. Joram, locataire de ces bâtiments de la « Vieille gendarmerie ». Dès le lendemain, cependant, il fallut se sauver encore, la maison d'à côté s'embrasant tout à coup et menaçant l'immédiat voisinage. Puis l'on était revenu. Après quatre jours d'émotions et de ventre creux, je m'étais écrié, *pour la première fois de ma vie* : « Dieu, que c'est bon la soupe aux choux ! » Nous éprouvions donc ce sentiment de bien-être et de reconnaissance qui accompagne une digestion heureuse, quand apparurent le petit chapeau melon, le veston noir, le pantalon bleu ardoise de mon Rimbaud.

Il avait bien les façons gauches de l'homme timide, quoique volontaire, qu'il fut toujours, et qui consistaient principalement à ne savoir que faire de ses mains — les grosses mains rouges

qu'à décrites Mallarmé dans le *Chap book* — à
pousser devant lui, l'une après l'autre, un peu
lourdement, ses deux épaules ; mais cette fois
le sourire du « Petit Rimbaud » n'eût pas
indigné M. Pérette. Ma mère exprima vivement son admiration pour celui dont la première pensée, le premier effort, après un dé-
sastre aussi grand, tendaient à ce but unique :
retrouver un ami, le consoler de sa ruine.
« Consoler » ? voilà qui n'était guère dans la
mentalité de Rimbaud. Simplement il avait
jugé que je devais m'ennuyer ferme et il m'apportait de la lecture : un fascicule et des feuille-
tons de journaux découpés : c'était *Le petit
Chose* d'Alphonse Daudet, l'*Arthur Gordon
Pym* d'Edgar Poe. Comme il n'avait jamais
su répondre à des paroles de sentiment, je compris ce qu'il désirait le plus à cette minute-là,
je sortis avec lui tout de suite : « Nous allons
voir les décombres !... »

Sitôt dehors, il me dit : «Qu'as-tu fait des
pipes ? »

Je le conduisis sur les belles cendres, de couleur lilas, qui représentaient le résidu de mon
immeuble. Dans le grand mur subsistant, à
hauteur du première étage, on voyait l'âtre
d'une cheminée d'où sortait, retenue je ne sais

comment, une plaque de tôle qui supportait une petit poêle-cuisinière, naturellement très éprouvé, dont le four s'ouvrait, laissant pendre sa porte détachée à demi.

— Tu vois, dis-je, ce four ? Il servit autrefois à cuire des pommes, ça ne lui arrivera plus; j'y avais placé, puisqu'ils devaient demeurer inconnus aux profanes, ta Gambier et mon Jacob : je les suppose représentés par cette pincée de poudre blanche...

Il soupira, non sans amertume, et une déception autrement grave l'attendait.

Le plus bel effondrement était la rue de Saint-Julien où rien ne restait debout.Comme on avait commencé à faire une voie praticable entre ces amoncellements de pierres brisées, nous pûmes prendre la petite rue qui montait derrière l'église, tourner à droite, aller vers la place du Château, et nous découvrîmes l'établissement qui pour lors intéressait le plus mon compagnon, c'est-à-dire l'imprimerie Devin. Des fenêtres existaient encore, munies de barreaux de fer à travers lesquels on voyait le vide, et quelques dernières fumées. La maison où s'imprimait l'organe républicain fondé par M. Jacoby avait subi le sort commun à toutes celles de ce malheureux quartier. C'en était fait du *Progrès des Ardennes*. Pour la troisième fois (1) s'envolait devant Rimbaud la chance d'écrire dans un journal.

(1) En un chapitre précédent, où il est parlé du séjour à Douai, j'ai mentionné la *seconde* fois ; quant à la *première*, je ne puis faire mieux qu'emprunter aux précieux souvenirs de Georges Izambard, publiés dans *Vers et Prose* (1911) : « ...Il est reparti (7 octobre 1870) pour Charleroi où il espérait se faire embaucher comme rédacteur par M. Des Essarts, propriétaire du journal de cette ville... Le directeur, très accueillant, un peu solennel peut-être, m'explique que le jeune homme (je n'ai pas remarqué s'il prononçait *june homme*, Rimbaud le dit) lui a fait très bonne impression tout d'abord et fut invité à dîner en famille ; mais qu'au dessert le néophyte, voulant montrer sans doute sa connaissance des hommes, et des hommes politiques en particulier, s'est mis à qualifier ceux-ci à droite et à gauche — à droite surtout — de pignoufs : ce pignouf de X, ce sauteur de Y, ce maringouin de Z. « Et alors ? — Alors, dam, j'ai décliné ses offres de collaboration et il s'en est allé. »

VI

PERSÉCUTION ET APOSTOLAT

Quinze jours après, ma famille était hospita-talisée par un autre homme généreux, M. Bour-geois, ajusteur aux ateliers de Mohon, qui demeurait à deux kilomètres au sud de Mézières, dans le village de Prix. Là aussi Rimbaud vint me voir presque chaque jour. L'hiver s'adoucissait, nous n'avions pas peur des chemins boueux ; je me rappelle celui où il me lut son dernier poème : *Accroupissements*, tandis que près de nous passaient, devisant d'un ton mélancolique, un peu fatigués d'avoir mené leurs chariots dans beaucoup d'ornières, se plaignant aussi, peut-être, qu'on ne les renvoyât pas plus vite à leurs Grœtchens, les paisibles « tringlots » prussiens logés au village.

Fin février, ma famille put louer un petit logement dans le hameau du Theux, situé à l'est de Mézières et par conséquent plus à portée de Charleville. Mais Rimbaud y fut très mal accueilli.

La jeunesse du Theux — j'ignore si son esthétique a changé dans l'intervalle — était possédée, en 1871, par un grand souci de correction mondaine ; elle pensait que l'on doit se faire couper les cheveux, sinon tous les quinze jours, au moins tous les mois, et il y avait même dans la localité un homme habile et plein de courage qui abandonnait, le samedi, sa hache de bûcheron pour exercer le métier de coiffeur. Il parut donc anormal à cette population émotive, il parut, je dirai, scandaleux qu'un jeune homme, habillé décemment d'autre part, osât circuler sur le territoire du hameau avec des cheveux si peu coupés qu'ils lui descendraient bientôt jusqu'à la ceinture.

Car depuis le mois d'Août — j'aurais dû en parler beaucoup plus tôt — mon poète d'ami éprouvait le désir, probablement suscité par son admiration pour les temps romantiques, d'avoir une tête analogue à celle de Clodion-le-Chevelu. Je renvoie à l'histoire de France les gens pondérés, mais instruits, qui nieraient la nécessité d'une telle richesse capillaire ; ils verront quelle fut sur ce point l'opinion de la reine Clotilde, qui n'a jamais été considérée, je pense, comme une dame privée de sa raison.

Cette fantaisie de Rimbaud avait pu soit consterner, soit amuser Charleville : au Theux l'on ne rit pas de ces choses, et les gamins, carrément, reçurent le mérovingien à coups de pierres. Il essaya bien d'en agripper quelqu'un, à seule fin de lui tirer les oreilles ; mais ces galopins couraient, bondissaient... comme des cerfs qui seraient des tigres, et puis trouvaient toujours, pour s'y réfugier, des portes ouvertes fort à propos par certains adultes plus ou moins complices. Mon expérience des bombardements me permit de donner à Rimbaud un excellent conseil. Ne pas céder aux injonctions de l'ennemi, certes ! *Potius mori quam fœdari* : plutôt mort que tondu... mais échapper à la mitraille en tournant la position. Il suffisait, avant les premières maisons du village, de s'engager dans la jolie prairie où primevères et cardamines commençaient à éclore, puis, grâce à un sentier que je lui indiquai, de rentrer dans le Theux par l'autre bout, c'est-à-dire pas très loin de l'usine Brézol et tout près de l'endroit où ma famille et moi nous habitions. De cette manière, il conservait sa chevelure, belle nappe soyeuse qu'il eût été fâcheux de sacrifier au modernisme intolérant de la jeunesse villageoise, et il évitait de se faire crever les yeux, supplice inutile puisqu'il chantait sans cela.

Cependant la philosophie et la politique alternaient pour nous avec la littérature. Le temps se maintenant très doux, l'on pouvait s'asseoir dans l'herbe, parmi les bouleaux, les faux-ébéniers, les robinias adolescents de bosquets légers, gris et roses, piquetés d'or et d'émeraude, situés à gauche du chemin qui monte à Romery et cachant une vieille carrière très amusante, où nous passâmes bien des heures à des causeries et des lectures. Il apportait toujours avec lui quelque livre, parfois un journal. Nous lisions alors les *Confessions* de Jean-Jacques Rousseau — à qui Rimbaud ressemble tant (1) ! — Il aimait beaucoup Jean-Jacques, du reste, mais il admirait surtout Helvétius.

Je parlais d' « heures » passées à des « lectures » : n'exagérons rien. Lui et moi étions encore des presque enfants et avions besoin d'interrompre parfois nos conversations graves par de simples gamineries. Ainsi — je demande aux personnes « délicates » bien pardon pour ce que je vais dire, et qui ferait penser aux études, beaucoup plus méritoires, faites par J.-H. Fabre sur les travaux du scarabée sacré — mon ami n'avait pas manqué de conclure que les chouettes nichées en haut de la carrière durent autrefois, après leurs chasses, tenir des assemblées nocturnes au milieu, précisément, de la petite clairière où nous aimions à nous étendre ; car en farfouillant parmi les herbes, nous trouvions en

---

(1) Je le lui dis un jour : il rougit — comme il lui arrivait d'habitude en ses moments d'émotion, — eut un faible sourire attendri, mais ne répondit pas.

abondance des preuves palpables de leur puissance digestive. Loin de moi la prétention de faire passer les « comment dirai-je » pour des fossiles et je ne les appelle pas *coprolithes* ; c'était en tout cas très desséché, durci, blanchi par les pluies et les neiges ; notre plaisir — peu distingué, mais scientifique, après tout — consistait donc à ouvrir ces sortes de pierres et analyser leur composition très riche en petits os, crânes, mâchoires de souris ou élytres — quelques-unes encore dorées — de cent insectes divers. Zoologie fort innocente, qui faisait diversion aux spéculations trop sérieuses. Quelques esprits chagrins diront même que nous aurions bien fait, vu notre âge, de nous amuser à cela toute la journée, plutôt que de tant nous intéresser aux événements politiques.

Le journal donnait des nouvelles de « là-bas ». Paris et Versailles se regardaient en chiens de faïence, un grabuge sérieux devenait imminent... Le 20 mars, Rimbaud parut avec des yeux étonnamment gais : « Ça y est ! » dit-il. Ça y était bien, en effet : la révolution triomphante, les troupes régulières sorties de la capitale, tous les ministères abandonnés, le *Comité central* installé à l'Hôtel-de-Ville, enfin une victoire aussi complète, jugions-nous, que celles de 1830 et 1848. Nous poussâmes une balade jusqu'à Charleville, pour voir les têtes des gens. Elles étaient lamentables, et croirait-on ce que, polissons impardonnables, nous fîmes ?... J'hésite à le dire... En passant devant les boutiquiers aux figures décomposées par une trop légitime angoisse — et qui, ce jour-là, ne pensaient guère à plaisanter la chevelure de Rimbaud — nous avions la cruauté satanique de proférer ces paroles affreuses : « L'ordre... est vaincu !... » (C'est ainsi que parlent des enfants étourdis, en attendant qu'ils pensent le contraire).

Notre châtiment fut immédiat. A l'instant même et des jours et des jours après, nous battîmes la campagne... au sens propre et au sens figuré. Nous ne pouvions plus tenir en place. Quittant le respectable — mais d'un esprit par trop rugueux — Theux, on filait comme à coups d'aile d'hirondelle, tout le long de la route blanche, sur Saint-Laurent, sur Romery, ou bien un crochet vers le ruisseau gazouilleur du Vivier-Guyon, ou bien des flâneries aux bords de la grande Forêt des Ardennes, jusqu'à ce chemin vert, charmante vieille route abandonnée, offrant son thym sauvage dont l'odeur est si enivrante ; ou bien, sans monter, l'on tournait à droite, on passait l'écluse, on était à Lumes, aux Ayvelles, on s'arrêtait près de l'étang où les roseaux semaient les dernières aiguilles des derniers frimas :

> Lances de glaçons fiers (1). . . . .
> Le vent de Dieu jetait des glaçons aux mares (2).

Et puis, ayant traversé, farouches, la ville de Mohon où deux fois l'an saint Lié se réjouit aux flonflons des quadrilles, nous nous trouvions caressant les grosses têtes moussues des bons vieux saules qui accompagnent en sa promenade Madame la Vence, rivière adorable tellement de grâce onduleuse et menue, que nous ne pouvions que la suivre, en amoureux dociles,

(1) Sonnet des *Voyelles*.

(2) *Illuminations*. — Un mot sur ce souvenir qui devait inspirer deux fois Rimbaud. Nous nous étions assis un instant dans l'herbe grise qu'avaient flétrie l'été précédent, puis l'hiver. A cet endroit, plus abrité du soleil par l'ombre d'un bâtiment proche, une mince couche de glace restait fixée au bord de l'étang. Dans le silence de nos rêveries, nous entendîmes un tintement harmonieux, très léger, dont nous fûmes étonnés d'abord. Puis nous nous rendîmes compte. Au bord de l'eau poussaient de ces petits roseaux que l'on appelle *phragmites*, et, dans les épillets desséchés restant sur les tiges, se dressaient de longs cônes de cristal : verglas tout simplement, une goutte de pluie qui a gelé, d'autres, par-dessus, qui ont subi la même transformation, puis de l'air tiède venant fondre à moitié, c'est-à-dire agglomérer, polir, aiguiser le tout. Agités par la brise, les phragmites envoyaient ces tiares danser sur la très légère, très sonore couche de glace qui bordait le rivage. Il va sans dire qu'ayant fait cette jolie constatation, nous nous empressâmes de secouer d'une pichenette chaque petit roseau pour accélérer la musique.

par tous ses prés clairs encadrés de peupliers d'Italie. Et puis nous foulions d'un pied vainqueur la route de Boulzicourt. Mais les chemins de traverse nous tiraient comme par la manche : on quittait le pas de charge, on cessait d'aspirer le ciel à grandes gorgées, et suivant la file neigeuse des prunelliers pleins de parfums délicieux, on allait devant soi, sans savoir où, les yeux aux pâquerettes, fidèles brodeuses de gazons.

Et l'on commentait ardemment la révolution parisienne, ses conséquences, les perspectives qu'elle ne manquerait pas d'ouvrir. Est-ce que le peuple ne venait pas d'entrer une fois de plus dans la Bastille ?

> Citoyen, citoyens, c'était le passé sombre
> Qui croulait, qui râlait quand nous prîmes la tour... (1)

Ce qui s'est passé depuis Robespierre ne compte pas, expliquait Rimbaud. Notre pays revient au lendemain de quatre-vingt-neuf. L'erreur se dissipe, les tyrannies tombent avec les préjugés.

Pour lui, c'était désormais la marche en avant de l'esprit humain sans entraves, sans limite à ses ambitions. La révolution sociale, établissant

(1) *Le Forgeron.*

l'égalité de tous dans les moyens de culture intellectuelle, donnait aussi à tous la possession des forces mécaniques. Dès lors, aucune faculté d'invention ne demeurant stérile, l'activité scientifique devenait énorme. Le travail matériel pour assurer la production se réduisant à presque rien, les sensualités grossières mourant à cause de la misère abolie, l'homme vivait surtout pour les conquêtes de l'intelligence. D'étonnantes puissances mentales lui seraient offertes... Il entrerait en relation consciente avec les forces, avec même les voix de la nature... Et puis... là-haut, sur ces globes lointains sont des êtres qui pensent, qui raisonnent, qui possèdent probablement une science mille fois supérieure à celle des habitants de la terre. Pourquoi n'arriverait-on pas à communiquer avec ces vivants prodigieux, à échanger des pensées, des connaissances ?... Pourquoi ne nous apprendraient-ils pas leur langue, leur poésie ? La vie terrestre ne serait plus qu'un souvenir des temps primitifs et barbares : on vivrait la vie interplanétaire, la vie céleste...

Alors on s'écriait : « Quel est ce merveilleux village ? » Et c'était La Francheville tout uniment.

Parfois l'on se trouvait en face d'un casseur de cailloux, travailleur candide et curieux qui éprouvait le besoin de causer, de savoir des nouvelles. — On avait vu, ces mois passés, tant de choses troublantes !... N'était-ce pas fini ?... Qu'arrivait-il, qu'allait-il arriver encore ?... — Très complaisamment, avec cette justesse de langage qui lui permettait de se mettre à la portée de n'importe qui, Rimbaud lui parlait de la révolution communaliste : le peuple venait de s'insurger pour la liberté, pour le pain... un effort de plus, il serait définitivement victorieux... les ouvriers étaient tous malheureux, tous solidaires... il fallait se soulever partout... L'homme écoutait, intéressé d'abord, effaré ensuite ; puis il baissait le front, tout pensif, reprenait son marteau, continuait de broyer ses cailloux et murmurait en hochant la tête : « Y a du vrai dans ce que vous dites !... »

Rimbaud songea que ce n'est pas tout de prêcher et que son devoir, apparemment, serait de donner l'exemple.

A cette époque se produisit un événement terrible, sous la forme d'une circulaire où Monsieur Desdouests donnait avis aux parents d'élèves que des cours secondaires allaient s'ouvrir dans le théâtre de Charleville. L'Administration municipale avait retrouvé, de ci de là, quelques professeurs qui souffraient de rien n'avoir à faire que tourner leurs pouces (1) et à défaut du vrai collège — celui de la place du Saint-Sépulcre — toujours occupé par une ambulance, leur offrait, aménagé tant bien que mal à usage de classes, le lieu de plaisir en question. Ces hommes de dévouement l'acceptèrent. Pour ma part, j'étais navré, mais je me soumis. Au sortir de la première classe, qui fut faite en une chambre fort lugubre, située près des combles, et où nous étions une demi-douzaine au plus, je trouvai Rimbaud qui m'attendait, ricaneur. Je lui dis mes impressions, elles le réjouirent. Puis son visage prit un aspect soucieux, et il me narra ce qui venait de se passer chez lui, 5, quai de la Madeleine où transférés depuis peu les pénates familiaux. Madame Rimbaud, dès reçu le néfaste avis lancé par Monsieur le principal, avait prescrit à son fils de rejoindre au plus vite la couvée universitaire dans le temple de Thalie et de Melpomène. Arthur, sèchement, répondit qu'il ne se sentait aucune disposition pour le théâtre. D'où à lui répliqué, vivement, que le jeu de mots n'était pas acceptable, et puis re-résistance, et puis re-insistance, et puis échange de fiers ultimatums. C'est ici que se place l'incident de

(1) Georges Izambard n'était pas à Charleville, s'étant engagé dans l'infanterie de ligne et venant de faire campagne avec l'armée du Nord.

Rimbaud décidé à vivre en ermite dans le bois de Romery, plutôt que de céder aux injonctions maternelles. Fait souvent raconté (1), et je n'y insiste pas.

D'ailleurs la pédagogie théâtricole eut des résultats si minces que l'on y renonça promptement. La liberté nous fut rendue pour quelques semaines encore. Le petit bois de sapins qui descend le long du Boisenval nous abrita tous deux pour des lectures et notes copieuses dans Rabelais. Les rues de Charleville nous virent aussi déambuler, présomptueux dissertateurs, faisant de beaux tas de ruines avec tous les principes sociaux, philosophiques ou littéraires qu'admettent les personnes de bon sens ; et quand l'on rencontrait « un petit vieux bien propre », c'était pour le saluer de cette remarque affligeante : « Encore un qui a voté *oui* au Plébiscite ! » Le bon monsieur nous jetait un regard de hyène et passait en levant les épaules, mais je pense qu'il était bourrelé de remords (2).

(1) Voir RIMBAUD, *L'artiste et l'être moral.*
(2) Comme les Français ne connaissent pas leur propre histoire au-delà de quarante-huit heures, — et, pour eux, c'est une bonté de la Providence, — personne, évidemment, ne sait plus ce que c'était que le *Plébiscite du 8 mai* 1870. Napoléon III avait demandé à son peuple s'il était content du régime ; ce peuple, qui alors craignait surtout les changements, s'empressa d'affirmer, à une majorité énorme, sa satisfaction absolue, et

Et cela dura jusqu'au jour cruel où chaque famille fut informée que le collège, débarrassé de tous blessés et malades — nous supposâmes qu'à notre intention l'on avait achevé les plus atteints — le collège authentique, le collège pour de bon nous ouvrait les bras... disons les pinces pour rester dans la vérité.

Rimbaud allait-il penser derechef à se réfugier dans les bois ? Il fit mieux, il quitta Charleville, et n'ayant plus un sou ni plus rien à vendre, s'en fut à pied jusqu'à Paris (1). Cette fois il connaissait un moyen d'y vivre : la garde nationale, trente sous par jour. D'autre part, c'était une occasion d'agir conséquemment avec ses principes révolutionnaires.

après la disparition de l'Empire, on tomba d'accord que le Plébiscite — une vision d'histoire ancienne — était la cause principale de toutes nos calamités.

(1) Troisième visite, les deux premières ont été racontées ailleurs (Voir Rimbaud, *L'artiste et l'être moral*).

VII

« ...Entre partout, réponds à tout. On
ne te tuera pas plus que si tu étais ca-
davre. »

(Une Saison en enfer).

Deux cent quarante kilomètres par le train
onze, je veux bien qu'à la rigueur ce ne soit pas,
comme on dit, « là mer à boire », et qu'un tel
effort, en nos temps de sports athlétiques, puisse
paraître banal. On considérera pourtant que notre
« champion », dépourvu d'entraîneurs, n'empor-
tait aucunes provisions de bouche, qu'il devait,
s'il ne voulait pas tomber d'inanition, compter
sur des âmes charitables, lesquelles sont parfois
d'une curiosité bien gênante, surtout pour un
adolescent qui va offrir ses services à un gouver-
nement insurrectionnel ; qu'il lui fallait éviter
avec soin de faire connaître le but de son voyage,
trouver des histoires très ingénieuses, prendre
un air très ingénu, pour obtenir de coucher
dans une grange ; et le *cross country*, dans des
conditions pareilles, est une « performance » :
on ne peut guère le contester.

Aussi bien Rimbaud n'en était plus à son
noviciat dans la pratique du vagabondage ; il
savait comment on peut ménager ses forces, à
condition de ne laisser perdre aucune des petites

utilités fortuites présentées par la vie de grand'
route. Par exemple, cette carriole qui passe, eh
bien !... puisque le conducteur a une bonne
tête, qu'il s'ennuie et ne demande qu'à causer...

— Fait frais, ce matin !

— Ca oui !... Vous allez à B... ?

— Non, je vais plus loin : à D...

— Ah ! y a de quoi faire !

— Pour sûr !...

— Ben !... Montez... je vous épargnerai toujours six bons quarts de lieue.

Après celui-là, il avait parfois la chance de
tomber sur un autre, aussi complaisant, et
c'était autant de gagné pour le marcheur. Ces
petits services devaient naturellement se payer
en histoires, car la solitude des champs rend les
imaginations gourmandes, et pour s'acquitter de
cette manière, le poète se trouvait parfaitement
« à hauteur ». Inutile de chercher dans Perrault
ou Tite Live : il avait la récente guerre, abondante mine de récits fabuleux. Sur les horreurs
commises par l'ennemi, sur les bons tours qui
lui furent joués, sur les innombrables Prussiens
« décrochés » par les francs-tireurs ou même par
de simples bourgeois, sans compter les extermi-
nations en masse qu'opéraient nos artilleurs et
nos fantassins, Rimbaud prodiguait aisément les
plus savoureux détails. Si le bon paysan, ravi

d'abord, avait à la fin, au moment où il arrêtait son cheval sur la place du marché, un clignement d'œil et demandait, soupçonneux :

— Alors comment qu'ça s'fait qu'c'est eux, en définitive, qu'on été les plus forts ?

Rimbaud, goguenard, disait en descendant de voiture :

— C'est parce qu'on a été trahi.

Une fois pourtant il lui fallut payer autrement qu'en monnaie de singe. Un voiturier, fortement pris de boisson, qui venait de le véhiculer cahin caha concurremment avec des sacs de blé et quelques futailles, voulait absolument qu'il lui donnât... « une image pour son gamin ». Idée fixe d'ivrogne. Rimbaud, très heureusement, avait un album de poche qui lui servait pour griffonner, quand venait l'inspiration, de poétiques ébauches ; il en détacha une feuille, et, de mémoire, d'après une charge d'André Gill, crayonna le portrait de Monsieur Thiers. Le pochard prit fort bien la chose, contempla gravement, quelques minutes, ce chef-d'œuvre, le mit sous sa blouse en grommelant : « Bah !... C'est toujours un *bonhomme*, et ça fera plaisir à Gustave ».

A défaut de Phaéton bon zigue, il fallait tricoter des jambes et c'était un cas assez ordinaire. On a décrit souvent l'apparition de l'exténué parmi nos bons communards, l'attendrissement de ceux-ci, leurs joyeux transports en voyant « la province levée en masse » dans la personne du jeune républicain, la collecte en faveur de ce « frère venu à pattes et qui n'a pas un rond », la grandeur d'âme de celui-ci qui restitue aux « frangins » leurs cotisations sous forme de consommations variées... je n'insisterai pas sur ces faits racontés mille fois ; j'ajoute cet épisode moins connu.

Peu avant la prise de Paris par les Versaillais, Rimbaud avait réussi à passer entre les mailles de l'immense épervier dont l'armée assiégeante et furieuse, et qui ne faisait grâce à personne, enveloppait, d'Auteuil à Montmartre, la commune vaincue. Le voilà hors des murs ; il marche, il marche, tant qu'il peut, dans la direction du nord. L'essentiel avant tout c'est de gagner du terrain vers la campagne, de quitter bien vite les banlieues que parcourent des pelotons de cavalerie. Car le « foutriquet », si gaiement caricaturé par lui quelques semaines plus tôt, car M. Thiers, qui connaît sur le bout du doigt ses guerres du Premier Empire, est un stratège d'autant plus inexorable qu'il n'avait pu, avant l'âge de soixante-quatorze ans, trouver l'occasion exquise de gagner lui-même une bataille, et cette victoire il la veut totale, comme on désire les choses quand on est sur le point de quitter la vie.

Donc Rimbaud a trotté la journée entière, traversant les villages d'un air affairé, pour tromper les regards défiants qui guettent sur le pas des portes. Le soir venu, il ferait bien un somme dans une écurie quelconque, mais il sait qu'en ce moment tout pauvre diable est suspect, tout vagabond menacé d'une arrestation immédiate ; il ne peut s'arrêter que dans une agglomération populeuse où l'on ne prenne point garde aux figures inconnues... et malgré sa fatigue, il continue de monter, de descendre des côtes... Il parvient à Villers-Cotterets. C'est moitié ville moitié village... Tant pis ! Coûte que coûte, il va se reposer un peu. La nuit est profonde. S'il pouvait découvrir une maison en construction, une cave laissée ouverte, n'importe quoi où s'enfouir sous un édredon de ténèbres... Et au petit jour *il filerait*... Mais à Villers-Cotterets comme ailleurs l'ordre public est sur pied... Une patrouille !... Il se jette dans la première rue latérale, puis dans plusieurs autres... Maintenant tout est silencieux, noir comme l'intérieur d'un four... Il s'avance, tâtant les murs... N'en pouvant plus, il va se coucher sur le trottoir quand sa main heurte une porte... qui cède... ma foi, il pousse, il entre, suit un couloir, trouve une seconde porte, un loquet... qu'il fait jouer... Cette chambre est vide probablement... Il va s'étendre sur le sol, quand soudain il tressaille... Quelqu'un, près de lui, chuchotte... Hein ?... Cette chambre est donc habitée... ou hantée ?... N'importe !... Vivant ou spectre !... Lui est trop las !... Mais les chuchottements recommencent... il distingue une voix craintive, nerveuse, de femme... Voici la lampe allumée ; un couple de jeunes gens, hâtivement vêtus, apparaît. En toute simplicité Rimbaud leur explique son cas. Il ne demande rien, ne dérangera personne, il voudrait seulement dormir, étendu sur ce plancher, quelques heures. La jeune femme très énergiquement refuse. Rimbaud insiste, elle s'énerve de plus en plus, ne veut rien savoir... Son compagnon hésite, bon garçon. Le couple délibère à voix basse. La dame, tout à coup aimable et conciliante, propose à l'intrus la meilleure, dit-elle, des solutions : près de là demeure une personne âgée, très charitable, il y sera fort bien, elle le recevra pour sûr.

— « Parfaitement ! dit le monsieur d'un ton singulier, Mme Lévêque, la première maison après celle-ci, pas d'erreur... » Notre pauvre communard se laisse tenter. A peine est-il sorti que derrière lui la porte se ferme au verrou et qu'une voix railleuse lui crie : « Mme Lévêque !...

N'oublie pas Mme Lévêque : c'est à deux pas ! »
Et des éclats de rire.

Mais les gendarmes étaient passés. Rimbaud
se traîna jusqu'au bout de la ville, retrouva
« l'obscure clarté qui tombe des étoiles », découvrit
un endroit couvert de broussailles où il dormit
de tout son cœur. Lorsque vinrent l'éveiller le
gai tapage des oiseaux, la douce musique des
premières abeilles, il se rappela « Mme Lévêque »,
trouva la farce intelligente, et cette pensée lui
fut un réconfort.

Sa double étape du premier jour l'avait assez
avancé pour qu'il pût maintenant alléguer qu'il
venait de Rouen, voire de Dieppe ou de Valognes,
obtenir ça et là un morceau de lard avec l'auto-
risation de coucher dans la paille. Du reste il
eut le toupet, quand Paris fut loin, de se présenter, comme volontaire de l'armée française
libéré à cause de l'armistice, à un brave homme
de maire qui le félicita de son patriotisme et
lui délivra une feuille de route. La condition de
chemineau devenait donc tout à fait présentable,
et il était frais comme une rose nouvellement
épanouie, quand apparurent à son calme regard
les façades non moins tranquilles du quai de la
Madeleine.

Mme Rimbaud demanda-t-elle beaucoup d'ex-
plications sur cette rentrée, succédant à tant

d'autres déjà ? Si je me souviens bien des confidences qu'il me fit, ce doit être vers ce temps qu'elle essaya de changer de système avec son éternel fuyard, qu'elle tenta de lui présenter sous un jour très séduisant la vie que se prépare un jeune homme sérieux, qu'elle faisait miroiter même, pour dans quelques années, la perspective d'un honnête mariage, « la compagnie d'une gentille petite femme (1) ». Pauvre mère ! Il l'écoutait... pour se reposer... manger... en attendant de repartir. Que les jeunes filles à marier me pardonnent, leurs mamans aussi, car je ne puis m'empêcher de les entendre s'exclamer : « Enfin quoi ?... Tout de même !... Il était par trop toqué aussi, votre Rimbaud !... »

(1)   Reconnais ce tour
         Si gai, si facile

         . . . .

              (*Age d'or*).

Je dois expliquer ici que la première initiative de Rimbaud, dès son retour, consista en la plus brûlante des déclarations adressée par lettre à une petite demoiselle de Charleville, dont le papa, très étonné, s'empressa d'avertir la maman du scripteur. Celle-ci pouvait voir en cette frasque nouvelle, d'un genre moins ultra-psychique, le signe que son Arthur allait peut-être se décider à devenir un homme comme les autres. Après tout, mettons-nous à la place de cette dame : elle a un fils qui sera, craint-elle, *Juif errant* ou *Don Juan* ; le choix étant difficile plutôt, son âme scrupuleuse a trouvé un moyen terme, et aucun officier de l'état-civil ne pourra l'en blâmer.

VIII

Quoique déterminé à ne pas remettre les pieds au collège, il voulait bien s'intéresser encore à ce qui s'y passait : les mutations parmi les maîtres, les élèves, ne le trouvaient pas indifférent ; il suivait avec une sympathie narquoise les efforts de Monsieur le principal pour faire de nouveau bourdonner la vie intellectuelle dans la ruche confiée à ses soins. De telle sorte qu'il me dit un jour :

— Veux-tu que je te recommande à ton professeur ?

Le polisson que j'étais comprit à l'instant qu'il s'agissait d'une fumisterie qui ne manquerait pas d'être désopilante, il répondit tout naturellement :

— Chiche !...

La semaine d'après, je n'y pensais déjà plus quand un matin, les leçons récitées, le professeur (c'était celui qui venait de remplacer

Georges Izambard) me jeta un regard long...
très long... et ouvrant deux papiers vastes, pliés
de vétuste manière, il prononça les paroles sui-
vantes :

— Delahaye !... Il paraît que vous avez un
oncle à Remilly-les-Potées ?

Je ne pus retenir un cri d'étonnement qui
parut surprendre M. N...

— Comment ? Vous n'avez pas un oncle à
Remilly-les-Potées ?

Je me ressaisis à temps :

— Ah ! si... mon oncle... mon oncle de Ré-
milly-les... choses... oui, en effet...

— Vous semblez avoir sur certains membres
de votre famille des notions assez vagues !... Et
vraiment c'est de l'ingratitude, car monsieur
votre oncle est un bien bon parent, et les quatre
pages — vous voyez... — qu'il m'a fait l'honneur de m'écrire témoignent à votre égard d'une
sympathie si touchante, que... vous ne trou-
verez pas mauvais, sans doute, que j'en donne
lecture à vos camarades.

Et l'on pense bien que cette longue missive
était un chef-d'œuvre adorable de cocasserie
échevelée, folle à en donner le vertige, tellement
que la classe entière, vingt-cinq bouches béantes,
cinquante yeux désorbités, cinquante oreilles
tendues... à se rompre (si j'ose m'exprimer ainsi),

l'écouta d'abord dans un effrayant silence, jusqu'à l'instant où tout le monde se roula, tout le monde s'offrit les joies d'une gaieté si énorme que les dieux jamais n'en connurent de pareille, même quand parut devant eux, dans l'étincelant palais de Jupiter, Vulcain boitillard.

Evidemment M. N..., au reçu de la lettre, l'avait montrée au principal, qui reconnut aisément le graphisme de Rimbaud ; le nouveau professeur savait donc toute l'histoire du brillant élève si déplorablement, désormais, réfractaire, et il me jugeait complice d'une plaisanterie jugée par lui d'un goût contestable. Aussi, remettant dans sa poche, après l'avoir lue jusqu'au bout, l'épistole avunculaire, eut-il à mon adresse un diabolique regard qui signifiait trop clairement : « Croyez-vous, mon jeune ami, que la « blague » vous est assez retombée... sur le nez ? »

De fait, je devais avoir une drôle de figure, car il lui fallait, pour être convenable en cette occurence, refléter tour à tour la surprise, l'attendrissement, la vénération, la consternation, la bonne humeur ; surtout j'avais des fourmis dans les jambes, il me tardait que la classe fût terminée pour aller bien vite confier à mon ami que sa recommandation, certes, avait obtenu les plus beaux résultats.

Mais cette lecture publique faite par M. N...

était de sa part une imprudence, car il en advint ceci :

— Du moment qu'il lit mon écriture, dit le poète, je lui enverrai d'autres essais.

J'ai raconté ailleurs (1) qu'étant élève, il ne pouvait aligner une douzaine de vers sans les déposer sur la chaire d'un professeur et la tyrannie de cette habitude, par un bien mystérieux phénomène, le tenait encore, malgré tant de révoltes, malgré tant de fugues, malgré tant de tout. Or il n'était plus en classe, il ne voulait pas y revenir, Izambard avait quitté Charleville, M. N... lui succédait en l'enseignement des belles lettres, M. N..., qui avait fait une première concession, lirait donc à présent, bon gré malgré, les élucubrations de celui qui s'obstinait à n'être qu'un rhétoricien *in partibus infidelium* ; c'est pourquoi M. N... reçut bientôt une série de poèmes qui le firent tout bonnement sauter en l'air.

Il faut savoir que Rimbaud venait de savourer très avidement, très profondément le *Gargantua*, puis le *Pantagruel*, qu'il s'était imprégné de cette verve un peu frénétique, associée dans son esprit avec l'art violent de Leconte de Lisle, et tout cela produisait en l'auteur du *Forgeron*

(1) RIMBAUD, *L'artiste et l'être moral.*

et de *Soleil et Chair* — devenu ensuite l'auteur d'*Accroupissements* et des *Assis*, puis le virulent Juvénal de *Paris se repeuple* — une impérieuse tendance à travailler quelque temps dans le *burlesque*. Ce serait aussi, plus ou moins, significatif, attendu qu'il considérait M. N... comme étant à peu près de son bord.

En effet, celui-ci, professeur brillant, écrivain d'un talent sobre et incisif, marquait à Charleville dans le parti républicain, lequel, moutard en brassière, prenait déjà néanmoins des airs de Petit-Poucet roublard, très chipeur de bottes de sept lieues et même de davantage, n'hésitait pas à se camper en face de l'ogre monarchiste, revenu féroce et en disposition de tout avaler, enfin — pour parler sans hyperbole — fondait un journal destiné à combattre l'action du vieux *Courrier des Ardennes*.

Désigné comme rédacteur en chef de cette famille rivale, M. N... s'était annoncé par une vigoureuse brochure où les partisans de Bonaparte, ceux d'Henri V et du duc d'Aumale recevaient très joliment leur paquet. Grand émoi parmi les « honnêtes gens » : — Quoi ! ces « rouges » !... encore... toujours !... Mais c'est affreux !...

Alors des strophes de Rimbaud vont chanter aux oreilles de M. N... *La plainte des Epiciers* :

Ce journaliste nous ramène l'anarchie, c'est un chef de brigands, préparons-nous à subir le pillage, les suprêmes horreurs ....

> Qu'il entre au magasin, quand la lune miroite
> A ses vitrages bleus,
> Qu'il empoigne à nos yeux la chicorée en boîte
>
> . . . .

Un peu plus loin les négociants affolés l'appellent « voleur de cassonade » et je ne me souviens pas du reste, malheureusement. Dans une autre pièce, l'auteur du pamphlet républicain est pris à partie de façon bien plus rude. Il se trouve cette fois en présence de l'ennemi qu'il menace dans son influence, dans sa gloire, et ici je puis citer bonne part d'un morceau très amusant. Ecoutez cet homme qui accourt, essoufflé, haletant de fureur :

> . . . . Vous avez
> Menti, sur mon fémur, vous avez menti, fauve
> Apôtre ! Vous voulez faire des décavés
> De nous ? Vous voudriez peler notre front chauve ?
> Mais moi, j'ai deux fémurs bistournés et gravés !
> . . . .
>
> Parce que vous suintez tous les jours au collège
> Sur vos collets d'habit de quoi faire un beignet,
> Que vous êtes un masque à dentiste, au manège
> Un cheval épilé qui bave en un cornet,
> Vous croyez effacer mes quarante ans de siège !
> . . . .

Alors il se redresse, majestueux, superbe, il confond le *Nord-Est* et le pulvérise à jamais :

> J'ai mon fémur ! J'ai mon fémur ! J'ai mon fémur !
> C'est cela que depuis quarante ans je bistourne
> Sur le bord de ma chaise aimée en noyer dur ;
> L'impression du bois pour toujours y séjourne ;
> Et quand j'apercevrai, moi, ton organe impur,
> A tous tes abonnés, pître, à tes abonnées,
> Pertractant cet organe avachi dans leurs mains,
> Je ferai retoucher, pour tous les lendemains,
> Ce fémur travaillé depuis quarante années ! (1)

Une telle littérature, bien qu'elle s'égayât aux dépens de ses adversaires, ne captiva point M. N... Cela vraiment le sortait par trop de ses habitudes. Que deux héros d'une Iliade, avant d'en venir aux mains, cherchent à s'humilier réciproquement par des paroles outrageantes ; qu'ils célèbrent tour à tour leurs propres mérites, la bonté de leurs armes, les dons que leur ont faits les dieux... très bien ! Voilà du classique. Mais, pour un lettré nourri dans l'exclusive admiration du Grand Siècle, et qui volontiers citait l'opinion de Voltaire sur Boileau : « Ne dites pas de mal de Nicolas, cela porte malheur »,

---

(1) On m'excusera d'expliquer une chose que tout le monde comprend. Il s'agit d'un « assis », vieillard obstiné à ne pas changer d'opinion et qui symbolise le *Courrier des Ardennes* ; il est resté si longtemps sur la même chaise que les bords du meuble ont « travaillé » ses fémurs comme le ciseau d'un sculpteur.

cet abus copieux du rejet, ce mépris, tellement affiché, de la règle salutaire qui veut la césure à l'hémistiche !... Mais, quant au choix des détails comiques, cet insupposable dans la truculence !... Mais cet inattendu, cet inouï, cet exaspérant, ce stupéfiant dans le charentonisme : ces « fémurs bistournés »... et encore... « gravés » !!... Non !

Et M. N..., ayant reçu en plus deux ou trois chefs-d'œuvre inspirés par la même esthétique, prescrivit à son concierge de refuser nettement, à l'avenir, tout ce qu'apporterait le jeune homme aux longs cheveux.

— Cela dégoûte de travailler ! dit Rimbaud.

Car il avait rêvé, je l'en soupçonne, de séduire par ces divertissements le futur rédacteur en chef, et ainsi de trouver la quatrième occasion d'entrer dans le journalisme. Autrefois M. Jacoby rejeta ce qu'il appelait des « pipeaux rustiques » ; maintenant c'était bien autre chose, et j'avouerai que la façon dont le candidat offrait ses services n'était pas toujours facile à comprendre.

IX

LÉ TOURNANT

A quelque temps de là, trouvant que décidément il avait trop chaud, Rimbaud se fit couper les cheveux. Grand soulagement pour « la partie saine » de la population. Du *Moulin* à la *Redingote grise*, de la rue d'Aubilly à celle du Daga, les visages perdirent leur expression douloureuse. On jugea qu'il donnait satisfaction à l'opinion publique ; ou se plut à y voir, pour la reprise des affaires, un heureux présage. Que le jeune homme eût également consenti à quitter son brûle-gueule, tout, probablement, eût été pour le mieux ; mais l'homme doit savoir borner ses désirs ; même l'autorité maternelle n'obtint rien au-delà de cette concession passagère (1), et le

(1) Qui lui était assez indifférente. Mme Rimbaud, je crois bien, n'avait pas été fâchée de voir son fils avec des cheveux de fille ou de bébé : la plupart des mères sont ainsi. Quant à l'opinion de Charleville, toute sa vie elle la méprisa rageusement (voir les *Souvenirs* de Louis Pierquin), et si Arthur, de son côté, bravait cette opinion, c'était un héritage d'esprit un peu transformé : le besoin de contradiction chez la mère produisant chez l'enfant un amour extrême de l'indépendance et de la fantaisie

retour aux études fut, comme la veille, remis pour après d'impossibles calendes.

Et pourtant...

Le « C'était écrit » de l'Arabe n'est pas absolument une erreur. Notre destinée elle est *écrite*, oui, par nous, aussi par des scripteurs en dehors de nous, qui sont envoyés de Dieu, qui corrigent, raturent, ajoutent à notre rédaction des phrases, parfois de longs paragraphes... et qui s'appellent les *Circonstances*. Les éviter ou défendre contre elles l'intégralité de nos vouloirs, inutile d'y penser,. car nous n'avons pas d'yeux pour les voir venir. La plupart du temps, si nous croyons y avoir échappé de nous-mêmes, c'est qu'elles se sont présentées plusieurs à la fois et que l'une a fait dévier l'autre.

Il y eut, au mois de juillet, dans la vie de Rimbaud ce que les historiens appelleraient un « tournant ».

Je dois mentionner — cet aveu s'impose — que j'étais devenu un élève des plus médiocres, et, certes, blâmable à tous les points de vue. Faire l'école buissonnière, comme un simple moutard... quand on est en rhétorique !... Enfin ! J'ai payé ça dans la suite, en plusieurs versements et les intérêts... je suis quitte... au moins je l'espère.

Donc, au lieu de traverser bien gentiment. la

place du Saint-Sépulcre, et de marcher résolu-
ment vers la porte en chêne clair surmontée du
mot *Collège*... hélas ! pauvre moi ! j'allais, à
quelque coin de rue (1), retrouver Rimbaud qui
m'attendait, rêveur, et nous partions dans le bois
de la Havetière, déclamer du Théophile Gautier :

> Je défends à toute guitare
> De bourdonner aux alentours
>
> . . . .

et du Banville :

> Enfin de son vil échafaud
> Le clown sauta si haut, si haut,
> Qu'il creva le plafond de toiles,
> Au son du cor et du tambour,
> Et le cœur dévoré d'amour,
> Alla rouler dans les étoiles !

Ou bien c'était le *Lazare* de Léon Dierx, ou
bien quelque sonnet enragé de Paul Verlaine :

> . . . .
> Et vers ses pieds mordus se dressait une louve,
> Mais l'insensé cria : « Qu'est-ce que cela prouve ?

Il arrivait que l'on avait soif et que l'on possédait à nous deux, en joignant toutes nos res-

______

(1) Prière de se reporter à cette vue de Charleville placée
au commencement du volume. On y remarquera, non loin du
quai de la Madeleine, devant la façade du Vieux Moulin, *une
partie ombrée* : c'était là, généralement, que se donnaient rendez-vous les deux « malheureux élèves ».

sources pécuniaires, deux sous. On n'entrait pas moins chez l'honnête *Chesnaux*, qui nous servait une chope, équitablement répartie en un double verre. Pour cette menue dépense on restait longtemps attablés dans la grande salle très fraîche, très silencieuse, dont la porte et les fenêtres s'ouvraient sur les verdures profondes. Mais le personnel de la maison, circulant pour de vagues besognes autour de nous, avait tout l'air de penser que nous aurions mieux fait d'être à l'école, pour sûr, que de chercher des histoires « sans queue ni tête », comme nous en débitions à n'en plus finir.

D'autres fois, suivant les pentes herbues, pleines de menthes et de grands tussilages, du plus minuscule et du plus délicieux vallon que je connaisse, on escaladait la colline d'Aiglemont, village aimable où tapotaient gaiement quelques marteaux (1). On n'y entrait pas, d'ailleurs ; on s'étendait sur un odorant tapis d'origan et de serpolet ; on passait des heures à contempler en bas la ·Meuse, coulant molle et douce, étincelante de calme joie.

Mon compagnon faisait un peu de brocante.

(1) Musique très répandue en la partie nord du département des Ardennes : c'était la fabrication des clous à domicile, les habitants de ces campagnes étant ainsi cultivateurs et forgerons.

J'entends qu'il vendait à des camarades cousus d'or quelques livres qu'on lui avait donnés. Par exemple, Paul Labarrière — si ma mémoire est bonne — devint acquéreur du *Kaïn* de Leconte de Lisle, exemplaire d'une valeur fabuleuse, car chaque vers était précédé, ou suivi, de points d'exclamation tracés à la plume, et plus ou moins nombreux suivant le degré d'admiration qu'avait éprouvé Rimbaud. Nous étions, ces jours-là, terriblement riches — quarante ou cinquante centimes — et l'on pouvait s'offrir un voyage à l'étranger.

Que l'on gagnât Pussemange par la Grandville, ou que l'on grimpât aux Baraques par Saint-Laurent et Gernelle, les quelques lieues qui distancent la frontière belge n'étaient qu'un jeu pour nos pattes juvéniles. Je me souviens d'un après-midi, très chaud, où nous vîmes au coin d'un bois, en face de Rogissart, une luisante et charmante vipère, coquettement enroulée sur le gazon sec à deux pas du chemin. J'admirai la bête, et, mes compliments ne lui étant pas, je suppose, indifférents, son cou gracieux ondula, câlin, vers mon soulier. Rimbaud jugea-t-il que plutôt mes éloges l'avaient irritée, comme étant de ces facéties que n'aiment pas les reptiles du genre ophidien ? Toujours est-il qu'à l'instant même, d'un coup de talon, il lui trancha la tête.

— Mais j'étais sur mes gardes, fis-je, légèrement peiné de cette exécution préventive, elle ne m'aurait pas touché !

— Et si elle en avait mordu d'autres que nous ?...

Possible, après tout, qu'il n'eût pas tort, bien que son altruisme, en cette occasion, me parût un peu « bourgeois »... Qui donc est parfait en ce monde ?...

L'on ne pénétrait pas en Belgique sans être, administrativement « désinfecté ». C'était à cause de la peste bovine, autre cadeau fait aux Ardennes par la guerre. Les soldats gris et jaunes du roi Léopold, en vue d'empêcher l'importation par les bipèdes français d'une maladie aussi embêtante, les enfermaient, trois minutes environ, dans une maisonnette en bois où se consumaient des produits chimiques d'une extraordinaire puanteur. On sortait de là suffoqués, mais alors incapables de communiquer, même à des puces, la moindre « épizootie ». Résultat merveilleux dont nous étions très fiers en entrant chez l'aubergiste ou l'épicier, pour acquérir deux paquets de tabac dont l'enveloppe, joyeusement enluminée, portait cette inscription : « Manufactures de Thomas Philippe ». Et chacun de ces paquets, pesant cent grammes, pour la somme de trois sous, bon marché miraculeux, qui justifiait le voyage.

Au retour, la « rigolade » c'était de chantonner tous les cinquante mètres : « Attention ! Voici les gabelous... »

Ceux-ci ne tardaient guère ; on n'avait pas marché une demi-heure en suivant le sentier sous bois, que dans le fourré craquaient des branches, puis le mur de feuillage brusquement s'ouvrait, un douanier paraissait devant nous, un autre accourait sur nos talons :

— Messieurs...

— Messieurs...

— Beau temps pour la promenade... Vous n'avez pas de tabac, café, chicorée, poudre de chasse ?...

On leur montrait ce que nous avions, c'est-à-dire deux paquets de « Philippe » déjà entamés. Dans ces conditions, rien à dire : nous n'étions pas en fraude. Or le douanier est méfiant, le devoir du douanier est de ne pas croire à la sincérité des paroles humaines. En sorte que, malgré nos figures honnêtes, on était tout de même... palpés. Un léger tapotement de la main ouverte sur l'épigastre, un autre, simultanément, dans le dos... ce n'est rien comme « passage à tabac » ; mais quand on est un nerveux tel que Rimbaud, cette auscultation manuelle a quelque chose, paraît-il, de fort désagréable, et il n'a pu s'empêcher de dire son agacement dans le petit poème qui se termine ainsi :

Enfer aux délinquants que sa paume a frôlés ! (1)

On envoyait les gabelous au diable... quand ils ne pouvaient plus nous entendre, et c'est à peine si les trente kilomètres « bouffés » — soyons modernes — assez rapidement pour pouvoir rentrer au logis à l'heure de la soupe nous faisaient tirer le pied un tout petit peu, quand on repassait devant la Tour Lolot, fillette suave et ingénue.

C'est ainsi que furent « séchés » combien de cours d'histoire, de mathématiques, de chimie ?.. — Oh ! cette morsure, encore, du remords ! — N'en parlons plus... Après tout, je ne faisais pas l'école buissonnière exactement tous les jours. J'allais aux classes de lettres, parce que le professeur me plaisait (2).

La chaire de rhétorique venait de changer d'occupant. J'ai dit que le successeur d'Izambard prenait le titre de rédacteur en chef d'un journal républicain ; cette situation ne lui permettant

(1) *Les Douaniers*, sonnet longtemps perdu, signalé et regretté par Verlaine, retrouvé par Georges Maurevert, ce qui permit à René Aubert de l'imprimer, pour la première fois, dans sa *Revue littéraire de Paris et de Champagne*.

(2) Les autres méritaient de me plaire aussi, mais j'étais si paresseux !

pas de garder ses fonctions dans l'Université, il avait été remplacé par Edouard Chanal (1).

Un Lorrain. Figure calme, douce, empreinte d'une énergie sereine qui ne pouvait rien devoir, semblait-il, aux passions, mais puisait toute sa force dans l'esprit. Figure presque germanique, à bonne grosse barbe blonde, aux yeux d'un bleu, ou gris bleu, profond et limpide, au large front tenace. Figure souriante, cordiale, croyante. Je dis *croyante*, bien qu'il appartînt à une autre église que la chrétienne ; mais en toute sincérité il *croyait* que la culture de l'esprit, dirigée dans le sens du Beau, épure les volontés avec les instincts, et ce n'est pas trop dire qu'à cette foi il se donnait tout entier.

Affranchi à cause de cela de tout préjugé littéraire, de toute crainte administrative, Edouard Chanal sortait hardiment du temple étroit où l'Université de jadis enfermait les modèles dits « classiques » ; il nous initiait au génie savoureux, si subtil, si savant dans sa pseudo-naïveté, du seizième siècle et du quinzième. C'était pour nous un enchantement que ces lectures faites d'une voix prenante, gravement harmonieuse, attendrie d'amour pour les belles choses.

Il arrivait aussi que certains d'entre nous,

____

(1) Qui fut, depuis, vice-recteur de la Corse.

après avoir admiré quelque fin joyau de Villon, de Marot, de Gilles Durand, de Ronsard, de Remi Belleau, disait avec candeur : « Monsieur Chanal, si vous nous racontiez maintenant une histoire de la guerre ?... » Le professeur souriait... de l'à-propos. C'est qu'il en revenait de la guerre, comme le Petit Tambour de la chansonnette, mais dépourvu de toute fanfaronnade. Républicain sous l'empire, il avait vu, avec l'enthousiasme de ses vingt-cinq ans, dans la révolution de septembre un nouveau Quatre-vingt-douze, et quoique dispensé à cause de ses fonctions, il s'était engagé dans l'armée régulière, avait fait la campagne sous les murs de Paris, gagné les galons de sergent... Il nous disait sa vie dans les tranchées, les combats, et le manque de vivres... tantôt dans la boue, tantôt sous la neige... et des soldats de mauvais vouloir qu'il fallait surveiller, stimuler... On aurait voulu qu'il insistât davantage sur le côté tragique, sur les dangers courus, que l'on voyait malgré lui-même, à travers le détail de ces épisodes narrés avec trop de modestie... Mais Edouard Chanal n'était pas Tartarin, il mettait plutôt sa verve en l'histoire d'un grand matou de gouttière, proie opime qu'il fut heureux d'ajouter, certain jour de famine, à l'ordinaire, si réduit, de son escouade.

Rimbaud aimait par-dessus tout la simplicité

et la bonhomie : un tel homme ne pouvait lui déplaire. Il le connaissait de vue et par mes récits. La « tête » d'Edouard Chanal, si hautement intelligente, surtout privée de tout orgueil, lui « revenait » ; les goûts littéraires du jeune professeur étaient faits pour lui convenir. Joignez à cela un obsédant besoin de communion intellectuelle : vous comprendrez qu'un après-midi qu'il errait seul par les allées du Petit-Bois (1), il se soit dirigé vers Edouard Chanal assis sur un banc et fumant sa pipe avec tranquillité. Que voulait-il, au juste, lui dire ?... Je ne sais... On ne le saura pas... Cet épisode restera dans les ténèbres de l'immense chaos d'idées et d'impulsions contradictoires qui régirent la destinée de Rimbaud (2).. Il voulait causer, évidemment, échanger des pensées, montrer des vers, cueillir un avis, peut-être le

(1) Promenade de Charleville, rappelant un peu les quinconces de l'Esplanade des Invalides.

(2) Je crois que, dans son désir informulé, Chanal devait remplacer Izambard absent. Il y a entre eux plus d'une analogie, celle-ci avant tout : la simplicité, la modestie, le courage sans aucune pose. J'ai dit précédemment qu'Izambard, lui aussi, s'était engagé ; j'aurais pu ajouter que, faisant partie de l'Armée du Nord, il souffrit cruellement pendant le terrible hiver de 1870-71 et y contracta le germe d'une incurable infirmité (perte de l'ouïe), car ce poète, ce journaliste, ce critique doué d'une si grande délicatesse pour sentir la beauté, est, de plus, un « mutilé » de l'ancienne guerre.

demander, ainsi que plus tard il devait soumettre ses poésies aux conseils de Verlaine. Peut-être aussi — et je le pense — voulait-il gagner à son terrible idéal révolutionnaire une âme qu'il jugeait sur la voie. L'auteur d'une Constitution communiste avait à cette époque la furie du prosélytisme. Entre ces deux sincères, également épris de déterminations conséquentes avec les principes, c'eût été une collision bien curieuse. Rimbaud voulant gagner Chanal s'attaquait à partie bien forte et qui avait sur lui plus d'un avantage : le monde connu plus amplement, une éloquence naturelle, paisible, une faculté de concession largement compréhensive qui attirait, qui entraînait, qui désarmait, qui faisait de lui dans les combats d'idées le plus dangereux des rétiaires. Du premier coup l'on ne se fût l'un l'autre ni convaincu, ni persuadé, c'est certain. L'on se fût quittés amis : c'était beaucoup, c'était énorme. Une *circonstance* nouvelle tenait Rimbaud, une influence, une action sédatives ; grâce à la sympathie mutuelle, grâce à l'habile douceur de l'aîné, une sorte d'autorité non vue, non sentie par l'enfant susceptible, et alors puissante...

Que sait-on ? Rimbaud s'est expliqué dans *Bateau ivre*. Il était l'esquif désemparé qui aime à être poussé par le premier flot qui vient...

et puis l'ivresse de l'en-allée vers l'inconnu, et puis...

Je regrette l'Europe aux anciens parapets !

Il eut toute sa vie des désirs de retour... vers quoi ?... Vers tout... La raison vigoureuse et bienveillante d'Edouard Chanal eût-elle réussi là où échouait la volonté maternelle ? Certes, il est peu probable que le jeune gars, en pleine crise de puberté, eût obéi même à une très grande action de sympathie au point de se laisser ramener à l'école. Mais il est possible qu'il fût entré dans la vie littéraire avec plus d'assurance, et, quoi qu'il pût survenir, qui sait si cette amitié n'eût pas fait contre-poids, dans la suite, à bien des impulsions aventureuses ? Qui sait si Rimbaud n'eût pas continué plus longtemps d'être un poète, si son œuvre, poursuivie au cours d'une existence moins affolée, ne serait pas aujourd'hui — comme le pense, avec des regrets, Marcel Coulon — un trésor plus riche et admiré d'un consentement plus unanime ?

Cela valait-il mieux ?...

Allons ! je le disais : de nos mille mouvements plus ou moins coordonnés nous *écrivons* ce qui serait notre destin, puis une circonstance écrit, puis une autre et d'autres encore sur la même page, et le *brouillon* tombe, indéchiffrable aux yeux mortels, dans l'éternité où Quelqu'un le résume très facilement ; car c'est Lui qui menait toutes ces écritures, nous le savons bien, nous le disons depuis deux mille ans après Jésus, qui dicta la formule scientifique (1) : « Notre Père... que votre volonté soit faite sur la terre comme dans le ciel (2) ».

Le troisième scripteur, en cette occasion, fut l'excellent Duprez (3), qui tenait compagnie à Edouard Chanal. Voyant le gamin passer et repasser, s'en aller pour revenir, s'arrêter parfois, timide, hésitant (4), déjà celui-ci, curieux lui-même du singulier personnage, esquissait le geste de l'inviter à s'asseoir auprès de lui pour bavarder en bons camarades, quand Duprez l'arrêta soudain. Très délicat, très bon, d'une impressionnabilité extrême, il avait révélé à Edouard Chanal Rimbaud poète ; mais il le con-

(1)   « Le christianisme, cette déclaration de la science.»

(Une Saison en Enfer).

(2) Voir RIMBAUD, *L'artiste et l'être moral* (dernier chapitre).

(3) Professeur de seconde, il avait eu Rimbaud pour élève.

(4) « Dernièrement, j'ai vu ton Chanal, et, un moment, j'avais l'idée de causer avec lui... » Quel incident m'empêcha de prêter plus qu'une attention distraite à ce propos de mon ami, sur lequel, du reste, il ne revint pas ?... Je me le rappelai quand Edouard Chanal, à qui j'avais adressé mon premier *Rimbaud* (en 1906), répondit à cet envoi en me racontant l'histoire de la conversation manquée.

sidérait comme un esprit redoutable et néfaste ;
des lettrés comme eux deux pouvaient le lire,
goûter son étrange talent... quant à l'approcher,
à lui parler, oh ! c'était jouer avec le feu !...
Rimbaud « fatal », Rimbaud « diabolique » :
la légende commençait. Pour éviter de désobliger
son collègue, Edouard Chanal n'insista pas.

X

DEVERRIÈRE ET BRETAGNE

Du reste, il ne faudrait pas croire que Rimbaud fréquentât uniquement des étourneaux tels que moi, et qu'il manquât d'amis sérieux et graves. Izambard n'étant plus là pour l'accréditer auprès du groupe des professeurs, il en résultait que ses relations avec ces messieurs devenaient plus rares ; mais il avait rencontré parmi eux quelqu'un qui ne le considérait pas comme un échappé de l'enfer.

La génération — hélas! elle se raréfie — qui fit des études à Charleville aux environs de 1870 doit se rappeler M. Tempestini, l'ironique professeur de philosophie de l'institution Rossat (1) dont on aimait à citer la formule, susceptible de tant d'interprétations diverses, et qui pouvait même passer pour l'expression d'un spiritualisme pur : « Le bonheur est dans la satisfaction des besoins ». Cependant il n'est pas question

(1) Devenue, plus tard, l'institution Barbadaux (où Germain Nouveau exerça quelque temps sous le nom de *Germain*). Je nomme aussi M. Tempestini, parce qu'il était une de ces figures souvent rencontrées par Rimbaud, qui avait pour lui de la considération, sans pourtant, je crois bien, lui avoir parlé.

de ce doux penseur à l'énigmatique sourire ; je veux parler de son successeur Léon Deverrière, qui devait bientôt quitter l'enseignement pour devenir secrétaire de la rédaction du *Nord-Est*, Si Léon Deverrière avait été prié par ses élèves d'expliquer la déconcertante affirmation de M. Tempestini, je suppose qu'il l'eût fait de la manière suivante, qui traduirait assez bien son propre tempérament.

— Après tout, c'est comme du Montaigne. L'homme a besoin de joie. La joie ne vient que de l'esprit et du cœur. Tendre à tout notre intelligence, être cordiaux avec tous : voilà nos besoins. Dans leur satisfaction réside le bonheur; mais si nous avons un esprit sans curiosités, nous aurons peu de ces besoins, partant peu de jouissances et nous tournerons pessimistes. En d'autres termes, nous serons sensibles préférablement, principalement, peut-être exclusivement aux laideurs de la vie, et nous n'aurons pas de bonheur, parce que nous n'aurons voulu ni pu en avoir besoin : CQFD.

C'est pourquoi, gros garçon jovial, actif, pratique, laborieux, plein d'optimisme, d'indépendance et de générosité, Léon Deverrière était républicain, représentait dans le *Nord-Est* l'élément radical, trouvait Rimbaud très original, très amusant, lui donnait du tabac pour sa pipe, lui prêtait des livres (1) et parvenait à lui découvrir des partisans nouveaux.

De ceux-ci fut Charles Bretagne, le flegme et la gravité en personne.

L'on aurait difficilement trouvé de Bapaume à Bruges et d'Anvers à Montreuil un Flamand aussi flamand, un homme du nord aussi du nord, aussi froid, aussi imperturbable et, dans toute la force du terme, rassis.

Devant cette figure impassible, grasse et rose, dont la barbe noire encadrait, ou plutôt cherchait à encadrer une paire de joues tellement larges qu'elles débordaient sur le

---

(1) Je sais qu'il lui fit lire cet Helvétius, qui eut tant d'influence sur l'idée initiatrice aux *Illuminations* (« Ta mémoire et tes sens ne seront que la nourriture, etc. »).

D'autre part, il est décidément impossible que Rimbaud, écrivant ceci en 1872 ou 73 :

> De votre ardeur seule,
> Braises de satin,
> Le devoir s'exhale...

ait pu si bien reproduire sans l'avoir lu, sans l'avoir entendu lire, au moins, l' « Use ta vie en la consumant », formule capitale de l'*Unique et sa propriété*. Et qui lui aurait fait connaître ce livre ? J'avais pensé à Charles Cros, puis aux professeurs de Charleville. Oui, ce milieu-là plutôt et le responsable fut Deverrière très probablement. Curieux d'étrangetés philosophiques et appartenant au parti radical avancé, il devait goûter Stirner, esprit très hardi pour l'Allemagne de son temps, qui croyait mettre d'accord sa théorie d'entière autonomie individuelle avec son admiration pour les représentants les plus *jacobins* de la Révolution française.

cou — ce qui le faisait ressembler à un portrait de Henry-huit, à voir cet hercule ventru, buvant, au café Dutherme, (1) chope sur chope et ne desserrant les lèvres que pour le « peuf... peuf... » régulier, méthodique du fumeur qui met toute son attention, toute sa passion à culotter une pipe d'écume, l'on n'eût certes pas diagnostiqué l'ardent fantaisiste épris d'art, de poésie, voire de surnaturel. Et Charles Bretagne était un artiste, presque un mystique, jugeant, comme Rimbaud, la religion chrétienne trop terre-à-terre, anti-clérical pour cette raison (chose curieuse, qui n'est pas rare), et croyant à l'occultisme, à la télépathie, à la magie, à des « au-delà » tant que l'on voudrait, pourvu qu'ils ne fussent pas érigés en dogmes, non formulés, mais à trouver, mais à découvrir... Autrement dit, volontiers eût-il avoué que le catholicisme l'ennuyait parce qu'il ne comporte que trois malheureux petits mystères, tandis qu'à lui il en fallait des mille et des mille, bien plus ténébreux, plus abstrus, plus insondables.

Au Moyen-Age il se fût révolté, avec une malice noire, contre cet autoritarisme gênant de l'Eglise qui entend limiter le champ des

(1) Rue du Petit-Bois.

étonnements humains ; il eût été astrologue, démonologue, toutes les horreurs ; il eût été un bel hérétique, un joli sorcier à mettre sur un bûcher de bois vert pour la longue joie des multitudes.

Vivant à une fadasse époque, où l'on ne peut plus, malgré la meilleure volonté du monde, revêtir sérieusement le moindre *sans benito*, il se contentait de blaguer « les curés », peu à coups de langue, beaucoup à coups de crayon. Ses caricatures, où à il a précédé Lavrate — avec non moins de force comique, avec plus de finesse et d'inattendu — faisaient le bonheur des mécréants qui fréquentaient chez Deverrière.

On se réunissait aussi dans l'appartement de Bretagne, excellent violoniste ; il venait là des contrebasses d'imposant calibre, également des violoncelles, des clarinettes et des flûtes variées. Pour finir, on lisait les vers ou quelques uns des premiers *poèmes en prose* de Rimbaud.

Celui-ci pouvait rarement assister à ces médianoches ; mais des soirs, après dîner, il s'échappait de la maison maternelle, courait jusqu'à tel estaminet connu pour quelque bière spécialement renommée, où il était sûr de rencontrer son grave ami ; alors il lui remettait un poème, ou bien lui rendait un volume prêté , appliquait soigneusement sur le « couvet » sa gambier, puis la fumait en rêvant...

— Hum ! ... interrogeait Bretagne, c'est tout ce que vous dites ?

— C'est tout .

— Mâtin !... Causez donc !...

— Je n'ai rien à dire : causez, vous !

— Hum !... Vous savez bien que je ne cause pas quand je fume : je pourrais brûler ma pipe...

— C'est comme moi.

Une heure passait ainsi, Bretagne parfois s'en allait, vexé. Car une bizarrerie de ce muet, c'est qu'il aimait entendre des bavards, tandis que Rimbaud, de son côté, serait aisément resté deux jours sans articuler une parole, à moins qu'émoustillé par le bavardage d'une pie-borgne dans mon genre, auquel cas il lui venait une loquacité très divertissante.

Bretagne n'éprouvait la mortification plus haut mentionnée que quand ils étaient seulement eux deux, mais il recevait toute satisfaction pour peu que vînt s'asseoir à leur table un troisième personnage en humeur de gazouiller quand même. Dans ces conditions, la gaieté de Rimbaud s'allumait progressivement comme un tison sur lequel on souffle après l'avoir tiré des cendres, et bientôt, pur délice pour le bon fumeur, les paradoxes les plus effrayants, les plus scandaleux se suivaient en feu d'artifice.

Quand je devrais avoir l'air de bisser mon couplet sans qu'on me le demande, il me faut insister, en vue de faire mieux comprendre l'engouement pour le jeune lettré d'un homme aux apparences tellement frigides, sur sa haine, non seulement de tout dogme philosophique, mais encore de toute *autorité* scientifique, artistique, littéraire. Facultés et académies lui semblaient des forces également oppressives et à combattre, et de même qu'il soutenait tranquillement — quand il se décidait à retirer un instant sa pipe de sa bouche — que les médecins les plus illustres sont des ânes en comparaison de certains « rebouteux » de campagne, il prenait un intense plaisir à voir la hardie indépendance de l'enfant -poète jeter à bas les principes, démolir le convenu, bafouer les réputations et les pontificats.

Et puis, en dehors de la juvénile sincérité, jointe à un art très savant, indépendamment de cette originalité délicate, savoureuse, d'une œuvre qu'il voyait grandir et se perfectionner chaque jour ,et qui devenait singulièrement chère à son esthétique, née sous les mêmes cieux âpres que respirèrent Watteau et Téniers et Rubens, il y avait, pour attacher Bretagne à

Rimbaud, la bonté native de ce gros septentrional, un besoin comme paternel d'encourager, d'aider ce gamin... parfois agaçant, mais si génialement précoce ! Répandre dans Charleville sa notoriété, ainsi qu'avaient fait Izambard et Deverrière, en lisant ses poésies à qui voulait les entendre, lui abandonner libéralement des paquets de tabac à peine commencés — bien qu'il ne fût pas riche : simple agent des contributions indirectes, — le présenter à d'autres amis, lui faire prêter par eux cette revue très moderniste et qui n'est pas à la bibliothèque, ou ce livre paru tout récemment, au besoin les acheter de ses propres deniers, cela ne suffit pas à Bretagne...

— J'ai assez de cette ville ! gémit un matin Rimbaud ; il faut absolument que je puisse aller à Paris ; mais cette fois pour de bon, mais cette fois pour y vivre !

— Eh bien, vous irez, vous y vivrez.

— Qui m'accueillera ? Quel écrivain, quel poète ?

— Je veux — et, contre ses habitudes, il devint quasi prolixe — vous procurer un introducteur dans le monde des lettres. Mon métier m'a mis en relation avec un sucrier du nord, j'ai rencontré chez lui son cousin, le poète Paul Verlaine...

— J'y avais pensé... Est-il donc l'homme de ses poésies ?

— Même trop !... En tout cas, il me considère à présent comme un de ses amis, et m'a donné cet encrier qui servit à écrire les *Poèmes saturniens* ; je vous en fais cadeau avec grand plaisir, parce qu'il vous convient mieux qu'à moi... (1)

Rimbaud, rouge comme une écrevisse, balbutiait des paroles de joie et de gratitude ; quand il eut comprimé son émotion, il dit :

— Si je lui envoyais de mes vers ?

— Faites-le tout de suite... Vous les accompagnerez d'une lettre, au bout de laquelle vous laisserez l'espace d'une demi-page, pour que j'y mette aussi de mon écriture.

Les yeux de Rimbaud étaient de l'azur le plus radieux, quand, dans l'après-midi du même jour, il m'aborda au coin de la rue du Moulin et du quai de la Madeleine.

— Vite, me dit-il, chez Dutherme !.. Je t'offre une chope...

(1) Cet encrier en verre, de forme cubique, me fut donné par Rimbaud quand il quitta Charleville ; je m'amusai un jour à le lancer au plafond, de sorte qu'après l'avoir rattrapé cinq ou six fois de suite, je le manquai et il tomba sur du carreau... pour s'y diviser en plusieurs fragments, comme c'était son droit.

Il me fit voir dans sa grosse main une mignonne, ravissante pièce de monnaie.

— Ciel ! m'écriai-je, dix sous ! Tu as donc assassiné quelqu'un ?

— Pas encore... C'est Bretagne qui me les a donnés... Viens... Tu moules l'anglaise ?...

Je me rengorgeai :

— L'anglaise, la gothique, la bâtarde... je n'y suis pas manchot... et même la petite ronde...

— Justement, je voulais te faire copier mes vers en petite ronde : ça se lit plus vite et ça ressemble davantage à l'imprimé...

En sorte que, pour nos deux chopes, nous occupâmes à nous tout seuls, pendant une bonne heure et demie, la plus belle table du café, garnie de tout ce qu'il fallait pour écrire, M. Dutherme étant un cafetier très obligeant, très aimable et qui devinait — cela ne peut faire aucun doute — que son matériel, en ce moment, était appelé à jouer le plus essentiel des rôles dans un très mémorable événement littéraire. Je copiai ainsi *Les Effarés, Accroupissements, Douaniers, Le cœur volé* et *Les Assis*. Rimbaud y joignit une longue lettre en écriture serrée, où il disait son idéal, ses rages, ses enthousiasmes, son ennui, tout ce qu'il était ; puis il soumettait ses vers au jugement de Verlaine, lui demandait avis et conseils. Il passa ensuite chez Bretagne, qui ajouta dix lignes de recommandation très énergique. Les copies et l'épître, étant sur papier fort mince, ne formaient pas un trop gros paquet : la poste les reçut dans sa grande boîte avec la même aisance — et la même indifférence — que le plus banal des chiffons.

Il n'y avait plus qu'à attendre.

Mais comme il était au-dessus de ses forces d'attendre longtemps, Rimbaud, dès le troisième jour, sonnait à la porte de Bretagne. Naturellement, rien n'était venu encore.

— Patientez... il répondra, j'en suis sûr... dit le placide Artésien.

Rimbaud écrivit alors une nouvelle lettre ; il y inséra d'autres vers : *Mes petites amoureuses*, Les *Premières communions*, *Paris se repeuple*. Et vint enfin la réponse, telle que l'avait prévue Bretagne, c'est-à-dire charmante et fraternelle.

Sur les poèmes soumis à sa critique, Verlaine donnait volontiers son avis ; d'abord des louanges puis quelques conseils : éviter les néologismes, les termes scientifiques, aussi les mots crus, comme celui que l'on trouve dans *Les Effarés* et dans *Accroupissements*, comme un autre de même nature dans *Paris se repeuple* : ces moyens — et Rimbaud reconnaissait franchement la justesse de l'observation — étant inutiles pour la couleur et la vigueur. Le poète, vieilli, devait modifier sa manière de voir ; à ce moment il restait l'épris de haute correction parnassienne qui cisela les *Fêtes galantes* ; et d'ailleurs il sympathisait avec l'humeur inquiète de son correspondant : « J'ai comme un relent de votre lycanthropie ».

En même temps il s'excusait de n'avoir pas écrit plus tôt : les missives et les vers, adressés à Montmartre, ne l'avaient pas trouvé d'abord, puisque absent, mais venaient de lui parvenir dans le Nord où il achevait une assez longue villégiature ; il allait rentrer à Paris, laissait entrevoir des possibilités d'y faire vivre le jeune poète, avait besoin de se concerter avec des gens... Puis, presque aussitôt, seconde lettre, celle-là catégorique. Tout s'était arrangé : « Venez, chère grande âme !... » Quand on songe à l'esprit de compétition qui règne trop souvent dans le monde littéraire, que Verlaine et ses amis (1), spontanément, appelaient auprès d'eux un rival, qu'ils faisaient cela en renonçant d'avance à toute envie, en oubliant tout sentiment d'intérêt, en voulant ne céder qu'à leur admiration pour le génie, on est bien forcé de conclure que l'amour du Beau peut au moins nous acheminer vers une morale très haute.

J'ai raconté (1) dans quel trouble jeta mon ami la réalisation trop soudaine, presque foudroyante, de ses longs désirs. Qu'était ce mouvement de recul devant le sourire du destin, sinon l'intuition froide, claire et inexorable de la réalité, que seul pouvait avoir un esprit comme celui de Rimbaud, sinon la forte lucidité morale qui permet à certains hommes de se dire, en face des tentations de l'orgueil : « D'abord connais-toi ! » Et comme il se sentait absolument *incapable de consentir* à chercher le succès, il excusait, de façon détournée, ce non vouloir. Il en prévenait le pauvre camarade qui tout platement avait rêvé de le voir succéder à Victor Hugo.

(1) RIMBAUD, *L'artiste et l'être moral.*

XI

COMMENT J'AI CONNU VERLAINE

Au mois de novembre (1), j'eus l'occasion d'aller à Paris. Je ne savais où trouver Rimbaud, mais je me rappelais l'adresse de Verlaine, qu'il m'avait montrée si fièrement : 14, rue Nicolet.

Une petite rue bien tranquille, dominée par la Butte. Verlaine y logeait alors chez ses beaux-parents. La maison de M. Mauté de Fleurville semblait une ancienne villa du temps que Montmartre c'était la campagne ; on y entrait par une grille, si en voiture, par une porte de côté, si piéton.

Je me présentais là, comme on fait à l'âge gamin, sans avoir averti personne. La petite bonne qui vint m'ouvrir était plutôt laide ; je fis aussitôt cette réflexion que la fidélité conjugale du poète inspirait peu de confiance dans son entourage. Idée futile, précipitation d'esprit que l'on pardonnera sans doute à un blanc-bec de dix-huit ans à peine, qui ne pouvait être frappé du moindre fait sans en tirer à l'instant une conclusion péremptoire. Cette bonne, mal

(1) 1871.

douée au physique, était du reste une excellente fille, un peu étourdie, car au lieu de me répondre, suivant l'usage adopté partout : « Je vais voir si M. Verlaine est à la maison », elle s'empressa, avec le plus aimable sourire, de m'affirmer aussitôt qu'il était là, oui, très bien, et de m'introduire, sans plus de précautions ni cérémonies, d'abord dans le petit salon d'en bas, à gauche de l'entrée — celui dont parle Verlaine en ses *Confessions*, — et puis, par un bel escalier tout droit, dans le grand salon du premier étage, au cœur même de la place. J'ai su depuis que cette ingénue créature — nous étions faits l'un pour l'autre — avait été par ses maîtres baptisée « La linotte ». Il est de ces oiseaux légers qui sont des anges dans les maisons ; c'est le sentiment que j'en garde et je me plais à supposer que les Mauté ont eu « La linotte » longtemps à leur service, pour le plus grand bien de la famille.

Sur tout un côté du salon montait jusqu'à la corniche, à partir d'un lambris assez haut, une glace sans tain laissant voir les parties supérieures de quelque salle à manger : disposition ingénieuse en vue de mieux éclairer les deux pièces et produire une illusion de large espace. Il y avait, si je me souviens bien, trois portes : celle par où j'étais entré, à droite une autre, que masquait une portière, et la troisième en face, pour la communication, je pense, avec cette salle voisine que je viens de mentionner. J'entendais aller et venir et parler dans l'appartement ; je distinguai la voix d'une dame âgée que je ne vis pas, mais qui prononçait, parmi d'autres mots indistincts, ceux-ci : « ... déranger M. Verlaine !» Evidemment ! C'était un coup de « La linotte ! » Qu'avait-elle besoin de faire entrer ce visiteur avec qui Paul, certainement, allait sortir !... Plus tard je sus la raison de cette inquiétude. La bonne Mme Mauté, qui faisait tout ce qu'elle pouvait pour entretenir la paix entre les jeunes époux, aurait bien voulu avoir un gendre sage et casanier ; je n'y pouvais rien, ses craintes allaient se réaliser très bientôt.

En attendant, j'eus d'autre part une émotion. L'on supposera bien que « La linotte. » n'avait jamais su fermer une porte. Celle en face de moi était donc simplement « poussée ». Je la vis s'ouvrir progressivement, avec une lenteur si étrange que, certes, personne n'eût pu attribuer à une force humaine l'impulsion qui la faisait se mouvoir. Et quand à moitié ouverte, elle livra passage à un chien énorme, tellement que je pensai d'abord à quelque lion de ménagerie qui aurait brisé les barreaux de sa cage, pour élire domicile en des maisons bourgeoises. Il

s'arrêta, me regarda fixement, ayant l'air de dire :
« Que fais-tu ici ? Pourquoi viens-tu déranger
M. Verlaine ?... »

Si vous battez en retraite devant un chien,
c'est le bon moyen qu'il vous saute dessus.
J'attendis, peu rassuré. Avec une gravité sévère, impressionnante, il marcha vers moi... et
sur mon genou vint s'appliquer un gros mufle
très velu, tandis que se levaient, suppliants, deux
grands yeux implorateurs de caresses.

Or c'était le mémorable *Gastineau*, dont l'amabilité allait, paraît-il, jusqu'aux limites de l'in-
vraisemblance, et à propos de qui — raconte
Verlaine (*Œuvres posthumes*, vol. II) — Rimbaud, le jour de sa première réception rue Nicolet,
eut ce mot assez obscur : « Les chiens sont des
libéraux », voulant dire, peut-être, qu'ils font
des avances à tout le monde, et comme Rimbaud
était « bolchevik », la qualification de libéral,
dans sa bouche, équivalait probablement à celle
de farceur. Opinion que je ne partage pas, et
j'aime les chiens, quand ils ne m'effraient plus.
Je pris aussitôt avec *Gastineau* des familiarités
présomptueuses, lui passai la main sur la tête,
lui tapotai les flancs, l'appelai « beau chien » et
autres impertinences.

La portière à ce moment s'écarta, Verlaine
parut, silhouette fine, souple, ayant cette allure

aisée, mais en même temps modeste, qui est la manifestation la plus parfaite du « naturel » chez un homme très cultivé. Souvent l'on se fait — cela m'est arrivé quelquefois — une idée inexacte d'un auteur que l'on ne connaît encore que par l'esprit. Lorsqu'on le voit « en chair et en os », le premier mouvement est pour dire : « Je ne me le figurais pas ainsi ». Eh bien, l'aspect de Verlaine ne me causa aucune surprise. Peut-être l'eussé-je attendu moins paisible, voilà tout ; autrement, il me semblait plutôt le revoir.

Si le lecteur de ces souvenirs veut se trouver juste à ma place, dans le salon du quatorze de la rue Nicolet, il y a cinquante-trois ans, il lui suffira de jeter un regard sur une gravure décorant la reproduction du manuscrit des *Fêtes galantes* (1) et qui est la photographie du Verlaine peint par Fantin-Latour dans ce *Coin de table* que le poète Emile Blémont racheta aux Anglais pour le donner à la France ; ou bien qu'il aille voir ce tableau merveilleux au musée du Louvre.

Je dois spécifier, à l'intention des amateurs d'iconographie, que le Verlaine de ce moment-là différait de celui de Fantin-Latour (2) par un

---

(1) Chez A. Messein.
(2) Le « Coin de table » est de quelques mois après.

seul petit détail : il ne portait que la moustache. Fantaisie qui dut être assez courte, car presque tous ses portraits — si l'on excepte le beau croquis fait de lui par Henri Cros, alors qu'il n'avait pas encore vingt ans — sont ornés d'une barbe au moins honnête, sinon abondante.

Je me levai. On n'imaginerait pas accueil moins protocolaire. Un inconnu se présentait à Verlaine : pour lui, sans hésitation aucune, sans l'ombre d'une pensée contraire, c'était un ami. Par conséquent, signe de tête comme à quelqu'un que l'on connaît depuis dix ans, sourire amical, main tendue. Je n'avais même pas remis une carte, ma sœur « La linotte » ignorant ces formalités ; mais je tenais à placer une petite allocution respectueuse, élaborée d'avance pour expliquer l'objet de ma visite, lequel pouvait se résumer en ces mots : « L'adresse, s'il vous plaît, de mon camarade Rimbaud ». Le ton quelque peu cérémonieux de ma requête n'étonna pas un homme qui comprenait tout ; il m'écouta avec une patience polie, et quand j'eus terminé, dit simplement : « Ce n'est pas que Rimbaud ait une adresse bien fixe, mais je crois savoir où le trouver aujourd'hui ; si vous voulez, nous irons ensemble ».

Je perdis toute solennité. Nous trottâmes côte à côte par la rue Ramey et la Chaussée Clignancourt, en bavardant comme des collégiens en sortie. Ceux qui l'ont connu le reconnaîtront bien là : — qu'il me soit permis d'y insister puisque je renseigne — il parlait tout de suite au premier venu avec la même spontanéité, la même confiance, la même expansion que l'on peut avoir à l'égard d'amis fréquentés dès l'enfance. Mais je dois ajouter sa délicatesse, son éducation d'homme du monde, qui, chez lui, empêchèrent toujours la familiarité de tourner à la rudesse. En dehors de quelques minutes de violence extrême — et d'ailleurs elles furent dans sa vie assez rares — il garda jusqu'à la fin, jusqu'en les pires années de vieillesse, la préoccupation d'être « un bon jeune homme ».

Cependant le « Delta » s'offrait à nos yeux : occasion pour lui de m'en faire les honneurs. Je me souviens qu'il prit un bitter-curaçao — quand je dis curaçao... enfin c'était du bitter. — Bien entendu, la conversation allait son train sur Rimbaud, qu'il appelait « un être exquis »... lui reprochant seulement de n'avoir pas une compagne : elle le guérirait, prétendait-il, de rhumatismes intercostaux dont il souffrait. Ce système de thérapeutique ne peut que nous étonner. Verlaine, on le voit, était encore un pécheur, ce qui souvent égare l'esprit jusqu'à la conception des théories les plus hasardeuses.

L'omnibus « Place Pigalle-Halle-aux-vins » nous transporta, sur son impériale, au boulevard Saint-Michel, que l'on appelait déjà « Boul' Mich' » et que nous montâmes jusqu'au coin de la rue Racine. Là se trouve un hôtel qui portait — porte encore aujourd'hui — sur son balcon cette inscription : *Hôtel des Etrangers.* Une grande salle de l'entresol avait été louée par des gens de lettres, peintres, musiciens, fraction du Tout-Paris artiste, pour y être chez eux, entre eux, et causer à leur aise des choses qui les intéressaient. J'y vis d'abord le musicien Cabaner (1), qui vint accueillir mon compagnon d'une poignée de main douce et noble. Rimbaud dormait sur une banquette. Il se réveilla à notre arrivée, se frotta les yeux en faisant la grimace, nous dit qu'il avait pris du hachisch.

— Et alors ?... demanda Verlaine.

— Alors, rien du tout... des lunes blanches, des lunes noires, qui se poursuivaient...

C'est-à-dire que la drogue fameuse lui avait brouillé l'estomac, donné du vertige, de la prostration : un « paradis artificiel exactement raté ». Je lui conseillai de prendre l'air. Nous sortîmes tous deux ; il était assez somnolent, se ranima cependant pour me montrer des éraflures en-

(1) Surnommé *Tronche* par Rimbaud.

core fraîches aux angles des maisons qui avaient subi les fusillades de la Commune, et avec un sourire amusé : « Des balles... des balles... des balles ! »

Dans le courant de janvier, j'eus la surprise de recevoir, à Charleville, un mot de Verlaine m'annonçant qu'il serait, à l'heure de l'apéritif, au café de l'Univers. C'est à droite en sortant de la gare ; je pense que l'établissement existe encore ; il était — fasse le ciel qu'il n'ait pas changé ! — dans le genre de notre parisien café des Vosges, célèbre pour avoir eu parmi ses plus fidèles clients François Coppée, qui aimait les cafés vieux jeu. J'arrivai le premier au rendez-vous, et, vers cinq heures, Verlaine, le torse droit, le pas un peu sautillant, ainsi qu'il marchait alors, fit son entrée accompagné de Bretagne et Deverrière. Il nous apportait le bonjour de Rimbaud, maintenant réveillé tout à fait. Quant à lui-même, venu par un beau temps de neige, emmené par ses amis en excursion dans la « Vallée de la Meuse », région du nord des Ardennes très boisée, très accidentée et ressemblant à des Pyrénées en miniature, il se déclarait absolument ravi : « Je me suis promené dans un pays en sucre !... » Du reste, il admirait presque autant les sveltes officiers bavarois, tout en bleu ciel, avec des pantalons « à pied d'éléphant », des tuniques ajustées sans un pli et des casquettes vraiment idéales, qui buvaient innocemment de la bière à une table voisine. Car le pays restait zone d'occupation et nous avions encore chez nous « les barbares ».

Trois ou quatre ans après, au moment de sa conversion, quand le poète fouillait son âme, quand il remuait tant de souvenirs tristes ou gais, c'est en revoyant la joyeuse randonnée hivernale qu'il soupirait ces vers de *Sagesse* :

> Un rêve de froid :
> Que c'est beau la neige
> Et tout son cortège
> Dans leur cadre étroit !
> Oh ! tes blancs arcanes,
> Nouvelle Archangel,
> Mirage éternel
> De mes caravanes !
> Oh ! ton chaste ciel,
> Nouvelle Archangel !

Il ne revit qu'une seule fois Charles Bretagne (1). Et puis les événements se précipitèrent (2). Le gros Artésien en fut atterré. A cet anarchiste si calme, en somme très conservateur, la catastrophe de Bruxelles devait causer une douleur profonde. Peut-être même, par

(1) Voir les *Souvenirs* de Louis Pierquin.
(2) Voir : 1º *Verlaine* ; 2º Rimbaud, *L'artiste et l'être moral*.

excès de délicatesse morale, se jugea-t-il responsable de l'amitié tragique. Il n'habitait plus Charleville, était retourné dans son pays quand il reçut les *Romances sans paroles*. Verlaine — on le voit dans sa correspondance publiée par Ad. Van Bever (1) — tenait beaucoup à cet envoi. Il n'avait pas oublié l'ancien ami qui lui donna, en janvier 1871, une journée de pur bonheur. Dans sa vie restèrent, jusqu'à la fin, quelques-uns de ces « mirages éternels. » C'étaient les plus simples qu'il trouvait les plus beaux, ceux qui le consolaient dans ses souffrances, dissipaient ses colères et ses désespoirs.

(1) A. Messein, édit.

VERLAINE

XII

DEUX POÈTES

En un des plus beaux monuments qui furent jamais élevés à la sainte Amitié, dans *Dédicaces*, où il a mis toutes les formes de cette gaieté sans laquelle n'existe aucune affection vraie, Verlaine ne devait pas éviter celle-ci : un peu de « blague » taquine, mais si joyeusement, si franchement amicale ! C'est ainsi que dédiant à Germain Nouveau, grand prêcheur de sobriété, il s'amuse à le compromettre abominablement devant tous les *dry*, tous les *teetotalers* de l'Amérique et du Royaume-Uni :

. . . .
Puis la soif nous creusant à fond comme une mine,
De nous précipiter, dès libres des convois,
Vers des bars attractifs comme les vieilles fois
. . . .
Et de boire sans soif à l'amitié future.
Notre pacte a tenu sa promesse : voici
Que, vieillis quelque peu depuis cette aventure,
Nous n'avons ni le cœur ni le coude transi.

Ah ! tu m'as reproché de boire !... Eh bien, moi je te dénonce à la postérité la plus lointaine, je t'immortalise... comme incorrigible buveur. Et c'était diabolique, il le savait bien, mais si drôle...

que la victime, ne pouvant s'en fâcher, préféra se venger de la façon admirable que nous verrons à la fin. En attendant, Verlaine n'échappait guère à ses mercuriales, et certains jours, profitant d'un instant où son rigoureux censeur avait le dos tourné, il me disait à l'oreille : « Nouveau est charmant, n'est-ce pas... mais quel *janséniste* ! »

Le fait est que Nouveau, vers 1880, alors qu'il écrivait ses beaux poèmes religieux, si pleins d'effusion et de joie reconnaissante à l'égard de la foi revenue, se croyait, par devoir de pénitence, obligé d'administrer — verbalement — des volées de discipline à lui-même et aussi aux camarades. « Verlaine, me disait-il, est un enfant qui a besoin d'être mené, je le mène ; parfois je suis avec lui terrible : sans cela on n'en ferait rien... » Je souriais discrètement, songeant à Rimbaud qui attrapa une balle dans le poignet pour avoir voulu jouer au même jeu. Ce fut moins grave. Un jour pourtant se produisit ce que j'ai essayé d'expliquer dans un récit précédent : « La docilité de Verlaine était un terrain sur lequel on ne pouvait sans danger courir à l'étourdie... Quand l'homme très doux et très aimable avait cédé beaucoup, beaucoup, y trouvant du plaisir, il s'énervait soudain et ses concessions accumulées produisaient en somme un explosif assez dangereux... Il est inévitable que de ces gens-là on abuse, avec les meilleures intentions du monde... » Nouveau abusa, et la bombe finit par éclater. Voici l'histoire.

Il s'éveille un beau matin avec la pensée qu'il ne parle pas assez couramment l'anglais. Adressée à Verlaine, qui faisait de la culture dans le Rethélois et ne s'y amusait pas beaucoup, sans doute, la proposition d'aller se promener quelques mois en Angleterre trouve aussitôt un accueil enthousiaste. Le commis d'ordre au deuxième bureau de l'Enseignement secondaire va trouver son directeur, le géographe Foncin, artiste original en cartographie, mais très formaliste en administration — avec qui il se chamaille plus ou moins, — finit par lui arracher un congé de trois mois. Verlaine a réfléchi dans l'intervalle. Son ardeur s'est refroidie. Les Anglais, pour tout dire, il « en a soupé ». Bref, il ne revient pas sur son consentement, désire seulement s'arrêter quelques jours à Arras. Nouveau l'y suit, très impatient, fort agacé. Dans un café, voyant son ami commander un second bock, il s'érige, hautain, sans pitié, interdit toute consommation nouvelle. L'homme altéré insiste. L'ami se fait « terrible », comme il disait, croyant que Verlaine, fidèle à sa coutume, trouverait joli d'être un petit garçon bien sage. Mais voilà que ce petit garçon est un homme violent, qui frappe sur la table. Nouveau frappe plus fort, ils se fâchent tous deux pour de bon, échangent des mots peu courtois, sortent chacun par une porte différente, jurant de ne jamais se revoir, sinon au paradis... et encore !... Resté seul à Arras, Verlaine saute sur du papier à lettre et écrit à Nouveau pour lui demander pardon. Le prohibitionniste est revenu à Paris, s'est présenté à M. Foncin, lui a déclaré qu'il se remet au travail, et le sourire narquois du savant directeur devait aigrir encore son amertume. Sans réponse, Verlaine s'adresse à moi, me conjure d'intervenir, j'interviens, c'est comme des pommes ; Verlaine redouble d'éloquence, deux nouvelles missives contiennent, destinées à Nouveau, des billets pathétiques : il les reçoit par politesse, les lit pour la même raison, et puis garde l'impassibilité cruelle du consul romain envoyant à la mort ses enfants coupables. Verlaine fait une démarche solennelle : il annonce sa venue prochaine, donne rendez-vous à Nouveau dans l'église Saint-Sulpice, à la grand' messe, le jour de la Trinité. Je me disais : « Brutus est vaincu ». Et bien ! non, même la Trinité paraît sans effet sur son âme endurcie. Du reste, c'était moi qui ne savais pas comprendre : Nouveau souffrait d'être devancé, reprochait secrètement à l'auteur des *Romances sans paroles* d'avoir fait ce premier pas que lui-même aurait voulu faire, et cherchait un moyen d'arriver *dead heat* en cette course au pardon réciproque. Verlaine est descendu à l'hôtel Saint-Joseph (1). Nouveau, d'habitude, y prenait ses repas ; il va manger ailleurs, pas loin, dans un petit restaurant, d'où il guette. Cependant Verlaine quitte l'hôtel, se dispose à reprendre le train pour Juniville, s'arrête à un kiosque où il achète le *Figaro* ; quelqu'un lui frappe sur l'épaule, et une voix caressante : « Le voilà cet homme qui ne pourra jamais se passer de lire des journaux !... Cet homme léger, épris de choses vaines ! »

Et de boire sans soif à l'amitié future !

Car on pense bien que la réconciliation fut joyeuse, définitive, l'amitié désormais sans nuage.

D'abord il contribua au service de publicité, quand fut lancé le volume *Sagesse* en 1881. Je me souviens que nous portâmes ensemble chez l'éditeur Dreyfous l'exemplaire destiné à Jules Claretie, l'un des quatre seuls journa-

___

(1) Qui existe encore, tout près du chef-d'œuvre de Servandoni, dans un petit coin de cette place que Nouveau proclamait « la plus belle du monde ».

listes qui voulurent bien signaler au public l'ouvrage depuis si fameux. Il retrouva le poète à Boulogne-sur-Seine, en 1882, et en 1883 à Paris, rue de la Roquette, où il fut comblé de gâteries par Mme Verlaine.

Or elle en accablait tous les amis de son fils, à commencer par Jean Moréas, qui eut avec elle, à cause de cela, une forte algarade. Dans la même soirée, elle lui avait fait manger deux gros morceaux de sucre candi, suivant son procédé habituel : « Fermez les yeux, ouvrez la bouche... » A la troisième injonction, il se révolta :

— Eh bien ! non !... madame !...

— Si, monsieur !...

— Non, non, non et non !... J'en ai croqué deux, je n'en croquerai pas trois... de vos sucres candis !...

Mme Verlaine, accoutumée aux emportements de son fils, n'avait pas encore vu un Athénien en colère. Elle fut domptée. Et cette victoire de Moréas donna de l'audace à Nouveau, qui devint insubordonné à son tour. Mme Verlaine lui faisait grâce du sucre, puisqu'il ne voulait plus fermer les yeux en ouvrant la bouche, mais à table elle entendait le gaver comme une simple volaille. La vieille dame ne comprenait les refus que des gens fâchés ; dans ce cas elle ne s'obstinait pas, cherchait simplementt d'autres choses à vous faire manger ou boire, et il y avait tant de franche bonté, d'aimable humeur, un tel charme innocent dans son insistance impérieuse, que l'insurrection n'éclatait qu'après d'énormes abus. Nouveau, certes, posa son *quos ego*, et, comme Moréas : « Non, madame !... » Je vous dis que non, madame !... » Elle eut sa revanche.

Il avait commis l'imprudence de lui conter qu'il faisait de la cuisine dans sa chambre, par économie, sur un réchaud. La voilà en extase. Au moment où il prenait congé, elle se précipite sur lui armée d'une superbe côtelette « dans le gigot » dûment enveloppée d'un beau papier jaune, et, sans mot dire, la lui fourre énergiquement dans la poche de son pardessus. Verlaine a vu le geste, il pousse un petit cri de douleur : « Ma côtelette !... »

— Paul ! gronde la maman, tu n'as pas de honte ?

Paul est prêt à pleurer. Son austère ami se réjouit de la mortification, très salutaire, imposée au gourmand, et ne proteste — hautement d'ailleurs — que pour la forme. Mme Verlaine feint d'avoir mal compris, vole à sa cuisine, revient avec un cornet qui rejoint d'autorité la côtelette, et, gracieuse :

— Monsieur, vous avez raison, je suis une étourdie : j'oubliais le beurre !

Nouveau tente bien de rejouer les Moréas, mais il rit trop fort. Et il devait à l'excellence créature consacrer ce sonnet merveilleux d'émotion et de vérité :

> Vous étiez gaie, on dit très bien comme un pinson,
> Vous étiez vive, on dit aussi comme la poudre,
> Et votre voix, avec les éclats de la foudre,
> Avait l'accent léger d'une jeune chanson.
>
> . . . .
>
> Veuve de militaire et mère de poète,
> Il vous restait, du bruit des armes et des vers,
> Quelque chose de haut et de fier dans la tête.
>
> Que vos mânes légers soient de drapeaux couverts,
> Et que votre tombeau, paré comme une fête,
> Mêle aux roses du Pinde autant de lauriers verts.

XIII

UN PÉCHÉ DE VERLAINE

Bien qu'il dût à sa merveilleuse intelligence de compter parmi les moins orgueilleux des hommes, j'ai vu une fois Verlaine pécher par orgueil... ou presque.

Entendons-nous sur la nature de cet orgueil dont il eut devant moi, je suis forcé d'en convenir, un petit accès. On connaît l'admirable formule du catéchisme : « Estime désordonnée de soi-même qui fait que l'on veut s'élever au-dessus des autres et que l'on se préfère à eux ». C'est l'orgueil défini en général, il contient tout — y compris la vanité, qui le commence, et que nomment avec dédain les orgueilleux pour de bon, parce qu'ils ne savent pas que les vaniteux toujours vont jusqu'au bout et parviennent à leur niveau — et aussi la *fierté*, qui est comme une mise en garde, irritée plus ou moins, contre l'humiliation : l'homme fier ne veut pas qu'on l'abaisse, il est donc près de vouloir dominer, il touche à l'orgueil, cela n'est pas douteux, car il s'écarte de *l'humilité*. C'est pourquoi je maintiens mon titre : *Un péché de Verlaine*. Mais toute irritation étant une faiblesse, un manque de poigne mentale, peut s'excuser par un état de grande fatigue, et ce jour-là, vraiment, il y avait des raisons pour que le moral du poète fût exténué.

C'était vers la fin de sa vie, j'avais rendez-vous avec lui et sa compagne — alors Eugénie — pour dîner dans un restaurant de la rue Soufflot. Il vient seul, me raconte une histoire de brigands : Eugénie le mettait à la porte, pas plus... Puis il ajoutait cette circonstance aggravante que la chambre, louée *au nom de Mme Eugénie K*, contenait un mobilier acheté avec son argent à lui, que lui donnait, chaque mois, l'argent pour payer le loyer. Cette malheureuse, exaspérée à la suite d'une querelle suscitée par elle-même — car, étant malade, elle perdait parfois la tête — suggestionnée aussi, probablement, par quelque bonne âme, avait eu une idée enfantine à force de canaillerie : se débarrasser de l'homme et garder tout le reste. Je vais en parlementaire trouver Eugénie, la prends par les sentiments, elle commençait à s'émouvoir, quand Verlaine, tout perclus qu'il était, monte les quatre étages en se cramponnant à la rampe de l'escalier, et dans l'instant où j'avais à peu près gagné sa cause, il apparaît, farouche. Eugénie crie qu'il va la tuer, Verlaine s'indigne, à tel point qu'il esquisse et retient des gestes, en effet, comminatoires. Je parviens à le calmer en lui rappelant notre amitié si ancienne, Eugénie pleure, pardonne (!), consent à nous accompagner au restaurant. Mais dès après le potage, la voilà qui prend un air excessivement raide et cette femme, très bavarde habituellement, devient muette comme une carpe... qui le ferait exprès. C'est, du moins, semble-t-il, l'impression qu'en a Verlaine, sa gaieté rallumée s'éteint, je vois que tout va se gâter encore, j'essaie en vain d'animer la conversation ; Eugénie, reprise par l'idée mauvaise, tout à coup se lève, de plus en plus crispée, franchit la porte et disparaît. Au bout de quelques minutes, Verlaine, malgré mon avis contraire, part en clopinant à sa poursuite. J'avoue cyniquement que je continuai à dîner, la diplomatie m'ayant donné un appétit féroce. Mon ami, cependant, ne tarde pas à revenir :

— Et alors ?... Eugénie ?...

— C'est un monstre, une infâme voleuse !...

Le fait est qu'il s'est heurté, à sa porte, contre un beau sergent de ville, mis là en faction pour l'empêcher de violer le domicile de « la plaignante ». Ce domicile dont il avait payé le loyer, payé les meubles !... Eugénie, d'ailleurs, retrouva sa probité quelques jours plus tard, la réconciliation fut complète, en attendant les nouveaux orages.

Mais ce soir-là, il s'agissait pour l'expulsé de trouver un gîte. Par bonheur, l'Hôtel de Lisbonne, *refugium* de maint artiste pauvre, était toujours accueillant pour Verlaine ; s'appuyant à mon bras, il prit le chemin de l'hospitalière maison. Comme il gémissait sur la perversité d'Eugénie, je l'engageai étourdiment à ne plus revoir cette pseudo-épouse qui le rendait malheureux. J'en parlais à mon aise !... Plus d'une fois j'ai songé, depuis, combien l'égoïsme peut nous rendre absurdes. Lui dut le penser ; en tout cas il ne le dit pas, ou si délicatement ! « Ton conseil est bon, soupira-t-il, mais qu'il est dur !... » Hélas ! oui, et j'ai mis du temps à le comprendre, ma sagesse n'était guère, au fond, que de la dureté pure et simple.

Nous étions parvenus au boulevard Saint-Michel, quand d'un groupe d'étudiants qui passait devant le lycée Saint-Louis se détacha un grand jeune homme, très confortablement vêtu ; il traversa la chaussée, vint à nous, toucha son chapeau et s'adressant à mon compagnon : « Mon cher Verlaine, prononça-t-il avec un accent légèrement provincial, j'ai tenu à vous dire, en mon nom et en celui de mes camarades, quelle sympathie pour vous... » L'invalide, se redressant, l'interrompit :

— Monsieur, je m'appelle Paul Verlaine, je demeure seize, rue Saint-Victor !...

Interloqué une seconde, notre étudiant, qui déjà possédait la facilité de parole nécessaire à un futur avocat, recommença dare-dare son petit discours sous une forme un peu modifiée : « Croyez bien, mon cher poète, que toute la jeunesse des écoles... » Mais il ne put aller plus loin : « Monsieur, reprit son interlocuteur avec plus d'énergie et sans changer aucun de ses termes, je m'appelle Paul Verlaine, je demeure seize, rue Saint-Victor !... » Le grand jeune homme bien mis n'insista pas davantage ; il fit un geste comme pour dire : « Il n'y a décidément rien à faire !... » salua, s'éloigna .

En somme, ils avaient tous deux raison et tort, cas fréquent : l'étudiant étant un brave homme, épris de belles initiatives, mais trop spontané et ne se rendant pas compte — si jeune ! — que sa bonne intention risquait d'être accusée d'un je ne sais quoi de protecteur ; Verlaine, de son côté, pointilleux tout à coup sur les usages du monde, et jugeant que, si l'on veut complimenter un auteur, il est préférable d'aller chez lui, en se faisant présenter par un ami commun ; surtout refusant d'admettre qu'il fût le pauvre diable avec qui l'on ne se gêne pas, ayant conscience, au contraire, d'une situation littéraire qui devait le dispenser de se voir offrir des sympathies comme une aumône.

Susceptibilité fort exagérée, qu'il n'eût pas eue en d'autres circonstances. Et je fus sans doute le plus coupable.

Avais-je besoin, par exemple, de conseiller à cet incorrigible amoureux de renoncer à Eugénie et de vivre seul ?... Vanter à Verlaine l'indépendance, le calme de la solitude, moi qui le connaissais depuis tant d'années !...

Il parla aussitôt d'autre chose, laissa de côté l'histoire de l'étudiant et resta pour moi plein de gentillesse, jusqu'au moment où nous nous séparâmes devant le numéro six de la rue de Vaugirard.

GERMAIN NOUVEAU

XIV

BOMMBOMM BIDIBIDIBOMM

« Le caractère de Germain Nouveau par
moments s'assombrissait, devenait singulier, puis retournait à une amabilité délicieuse, qui durait un jour, disparaissait le
lendemain... »

(Préface aux *Valentines*).

En 1881, j'habitai quelques semaines avec lui,
dans sa belle chambre carrelée, à trois fenêtres,
de la rue Saint-Jacques. Un matin, nous nous
dirigions ensemble vers le boulevard Saint-
Michel, en route pour la place Saint-Sulpice
où nous devions ,avant d'aller au bureau, déjeu-
ner à l'hôtel Saint-Joseph, table d'hôte éber-
geant à prix doux les catholiques peu « argen-
tés ». Ne pas confondre avec l'hôtel Fénelon,
situé dans la rue voisine et qui nourrissait de
sauces plus grasses les « bourgeois », les « ven-
trus » du parti.

Germain Nouveau s'était débarbouillé, pei-
gné, habillé sans dire un mot. Fâcheux début.
Il suivait le bord du trottoir en gardant le même
silence farouche et obstiné. Je respectais sa
préoccupation, habitué que ,j'étais à me faire

scrupule de gêner en quoi que ce fût la liberté d'esprit de quiconque, de mes amis surtout. Mais par un contraste bizarre — autant que déplorable, — je me sentais, de mon côté, sans savoir pourquoi, très porté à une joie folle. Supposera-t-on celle des écoliers à qui une visite de sous-préfet donnerait inopinément congé pour tout l'après-midi ? Non, pas question de rien de semblable, et ce besoin d'être intensément joyeux bouillonnait en moi d'autant plus qu'il était absolument sans cause.

Ne voulant imposer à personne ma bonne humeur, je me laissai aller à la satisfaire en pur égoïste. J'avais vu, pas longtemps auparavant, une piécette de Jules Moineaux et Offenbach : *Les deux aveugles*. C'est archiconnu, cependant je dois rappeler que l'on y voit notamment deux pêcheurs à la ligne, si heureux d'être gaule en main au bord de l'eau, que voluptueusement ils fredonnent la chose admirable ci-après :

Bommbomm bidibidibomm, bidibidibomm bidibidibomm, bidibidibomm, bidibidibomm !... Le sentiment de bonheur qui me possédait alors appela dans ma mémoire le refrain candide. Je me mis à chantonner cela, y pensant à peine, comme il arriverait à une boîte à musique dont on aurait tourné le bouton par mégarde.

Bientôt j'y pris goût ; quand j'étais au bout du dernier bidibomm, je recommençais : Bommbomm... ainsi qu'avaient fait les pêcheurs à la ligne, et c'était délirant... pour moi. Nouveau, toujours silencieux, eut un soupir d'homme excédé. Je m'arrêtai court, je me dis : « Peut-être que ça l'embête ?... » Je pris aussitôt la résolution ferme de ne pas continuer, j'essayai d'autrement assouvir mon appétit d'allégresse. Mais un moment après, bien malgré moi, je le jure, le satané refrain me revint sur les lèvres :

Bomm bomm bidibidibomm, bidibidibomm...

Cette fois avec l'accroissement de plaisir que donne le sentiment vague d'une crainte, quand on se livre à des fantaisies non permises ; car j'avais la subconscience de n'être pas tout à fait sûr que Bommbomm bidibidibomm, ce matin-là, plût beaucoup à Germain Nouveau, bien que celui-ci l'eût apprécié naguère, à cause de l'incomparable innocence de ces mots, choisis entre mille pour n'avoir aucun sens probable.

— Allons ! dit-il amèrement, tu y tiens à ton bommbidibidibomm !

— Ne fais pas attention : un accès... maintenant c'est fini.

Et je me tus. Mais une minute plus tard, —

imaginez ces démangeaisons qui reviennent quoi que l'on fasse — par une absence d'esprit inconcevable, me voici encore à murmurer : Bommbomm bidibidibomm... L'agrément que j'avais éprouvé d'abord se doublait, se triplait, je ne m'appartenais plus, j'étais entraîné, roulé dans la machine, il me fallait quand même dire, puis redire : Bombomm bidibidibomm.

Nouveau eut aussi tort que moi, car enfin il aurait dû prendre en pitié, plutôt, ce demi-gâtisme.

— Ah ! non !... Assez !...

— Voyons ! C'est pourtant bien amusant, bommbommbidibidibi !...

Et de mon côté, pour le coup, furent tous les torts : je me sentis devenir taquin et n'eus pas le repentir qui arrête sur la mauvaise voie :

— Pourquoi ne chanterais-tu pas aussi Bommbomm bidibidibomm ?...

Cela tournait à la méchanceté ; il me fut supérieur, quitta le trottoir, traversa la rue, hâta le pas. A l'hôtel Saint-Joseph il prit place de manière à être séparé de l'ami ennuyeux par d'autres pensionnaires. Un peu honteux de moi-même, j'attendais la fin de l'orage. Dans l'après-midi, je montai à son bureau :

— Tu ne m'en veux pas ?...

— Pourquoi t'en voudrais-je ?... Aucune raison pour t'en vouloir... Je te plains... simplement

C'était juste. Mais je n'obtins rien de plus. Pendant plusieurs jours il ne m'adressa pas la parole. Le samedi, vers quatre heures, la porte de mon bureau s'ouvrit toute grande, et joyeux, gracieux, gaillard, parut Germain Nouveau :

— As-tu quelque rendez-vous pour demain dimanche ?... Non ?... Eh bien, je t'emmène, c'est grandes eaux à Versailles, nous y passerons la journée et tous deux l'on chantera Bomm-bomm bidibidibomm !...

Mais — ajouta-t-il d'un ton sec — nous ne parlerons pas des *Trois marches de marbre rose*, il n'en sera pas dit un mot, pas un seul : tu promets ?...

Cela me contrariait bien un peu : aller à Versailles, admirer ses merveilles en compagnie d'un poète, sans pouvoir commenter les marches fameuses qui enchantèrent Musset tout d'abord et finirent par le mettre en colère... Je pensai que j'avais mérité d'être puni pour ma méchanceté de l'autre jour ; il ne m'infligeait que ce châtiment, cruel, sans doute... je me résignai, je promis.

Dès le moment où nous prîmes nos billets à la gare Montparnasse, il fut charmant, eut les contentements radieux d'une petite religieuse embarquée dans un train spécial pour aller en pélerinage ; il s'égaya finement, avec douceur, du moindre objet, trouva pour tout incident, provenant soit des gens, soit des choses, l'explication optimiste ou l'excuse amusante.

En arrivant, il désira commencer par le parc. Lorsque nous fûmes sur cette terrasse où l'on se croit apporté, vivant et ne dormant pas, dans un rêve qui serait un conte de Perrault, il me fit observer la trouée dans les bois tout au bout de la perspective, et qui semble avoir été faite, disait-il, pour signifier que la demeure du Grand Roi ne finit pas où sont arrêtés nos regards ; qu'elle se prolonge par le monde entier, par le monde qui n'est encore, si loin qu'il peut s'étendre, que le domaine, le jardin du Grand Roi. Puis il obliqua du côté de la Pièce d'eau des Suisses ; murmurant avec un malicieux clin d'œil :

> En allant à l'Orangerie,
> A gauche, en sortant du château...

N'est-ce pas ? reprit-il, tu te souviens ?... Avertis-moi si je me trompe :

> Elles sont près d'un vase blanc,
> Proprement fait et fort galant...

« C'est vrai — et sa voix devint grave — le

dessin de ce vase est bien beau ! » Il me montra que les marches ne sont pas trois, mais bien six, en deux paliers. Nous nous attendrîmes sur leur sang rose, déclarâmes délicieux que ce marbre fût « à moitié cassé », parce que vieux, parce que les choses vieilles c'est dorlotant, c'est doux, comme enfantin. Puis nous allâmes saluer chaque divinité en zinc ou en bronze, nous extasier devant chaque bassin, cascade, jet d'eau, etc.

Dans l'intervalle, on déjeuna aux environs de la Place-d'Armes ; nous trouvâmes tout excellent : que le civet de lapin, étant trois fois réchauffé, peut-être quatre fois, peut-être depuis l'avant-veille, représentait, à cause de cela précisément, la plus savante et la plus raffinée des cuisines ; que les vins anciens, illustres, ceux que l'on amène sur les tables en des chariots d'osier, sont âcres et amers, comparés au « petit bleu » dont on nous avait servi un litre étiqueté sur le bouchon : « Bourgogne des grands crus ».

Quand nous parcourûmes les salles du Musée, ce ne fut pas sans quelques folies, paisibles, d'ailleurs. Par exemple — c'est lui qui avait trouvé cela et je lui en laisse la responsabilité entière, — se camper devant un tableau bien dramatique, suscitant l'émotion d'une famille de

provinciale apparence, puis échanger des ré-
flexions ainsi formulées :

> Cacalacacri ?
> Alacalachu !
> Oucadicava ?

Ce qui vous fait passer, prétendait-il, pour
des gentlemen exotiques, alors que les initiés y
reconnaissent le parler, tout bonnement, des
primitifs de Seine-et-Oise. Car Germain Nouveau, lorsqu'il se mettait « à la bosse », comme
il disait, le faisait avec une détermination forte
et des ressources de gaieté aussi variées qu'abon-
dantes ; de même, malheureusement, qu'il se
mettait assez souvent « à la gâte », un mot de lui
encore et de sens tout opposé.

Mais, d'autre part, n'avait-il des droits à une
revanche contre l'ami léger qui s'était, un matin,
montré si « rasoir » ? N'avait-il aussi — ou au
contraire — le devoir d'avouer, de réparer son
manque de patience ? Toujours est-il qu'en
arpentant la Galerie des Glaces, en longeant le
Tapis vert, en s'arrêtant — avec une souriante
indulgence pour ces amusettes de jardiniers
qu'avaient tolérées nos rois — devant les gué-
rites, les toupies et bilboquets en verdure qui
font pendant à l'œuvre de Jules Hardouin
Mansart, il secouait sa badine et ses épaules,

balançait la tête, repoussait en arrière son petit chapeau mou, et alors, me regardant de côté, entonnait :

Bommbomm bidibidibomm, bidibidibomm, bidibidibomm, bidibidibomm, bidibidibomm !..

Naturellement il me fallait faire chorus, puisque j'avais été le promoteur de cette plaisanterie spirituelle. Mais voyez la nature humaine ! Ca ne me disait plus... Il y a des plaisirs — les spontanés — qui ne peuvent avoir lieu qu'une fois.

— Eh bien ?

— Ah ! oui, parfaitement... très rigolo !... Bommbomm bidibidibomm bidibidibomm...

Cependant quelque chose me grattait dans le gosier. Puis je pensai : Voilà bien la charité chrétienne ! Laisser croire à l'ami, d'une « bosse » parfois intempestive, que sa blague était drôle, que lui, Nouveau, la trouve tellement savoureuse qu'à son tour il ne peut s'en passer... N'est-ce pas rendre fort gentiment le bien pour le mal ?... Et je me rappelai cet enseignement si beau, dans l'un de ses poèmes catholiques.

. . . . Vos pardons, Dieu les compte;

TABLE

TABLE

SAINT-AMAND (CHER). — IMP. BUSSIÈRE.